中华文化风采录

浩瀚经典宝库

高超的兵法

胡元斌 ◎ 编著

北方妇女儿童出版社
·长春·

版权所有　侵权必究

图书在版编目(CIP)数据

高超的兵法 / 胡元斌编著. —长春：北方妇女儿童出版社，2017.4（2022.8重印）

（浩瀚经典宝库）

ISBN 978-7-5585-0920-9

Ⅰ．①高… Ⅱ．①胡… Ⅲ．①兵法－介绍－中国 Ⅳ．①E892.2

中国版本图书馆CIP数据核字（2017）第055101号

高超的兵法

GAOCHAO DE BINGFA

出 版 人	师晓晖
责任编辑	吴　桐
开　　本	700mm×1000mm　1/16
印　　张	6
字　　数	85千字
版　　次	2017年4月第1版
印　　次	2022年8月第3次印刷
印　　刷	永清县晔盛亚胶印有限公司
出　　版	北方妇女儿童出版社
发　　行	北方妇女儿童出版社
地　　址	长春市福祉大路5788号
电　　话	总编办：0431-81629600
定　　价	36.00元

序言

习近平总书记说:"提高国家文化软实力,要努力展示中华文化独特魅力。在5000多年文明发展进程中,中华民族创造了博大精深的灿烂文化,要使中华民族最基本的文化基因与当代文化相适应、与现代社会相协调,以人们喜闻乐见、具有广泛参与性的方式推广开来,把跨越时空、超越国度、富有永恒魅力、具有当代价值的文化精神弘扬起来,把继承传统优秀文化又弘扬时代精神、立足本国又面向世界的当代中国文化创新成果传播出去。"

为此,党和政府十分重视优秀的先进的文化建设,特别是随着经济的腾飞,提出了中华文化伟大复兴的号召。当然,要实现中华文化伟大复兴,首先要站在传统文化前沿,薪火相传,一脉相承,弘扬和发展5000多年来优秀的、光明的、先进的、科学的、文明的和自豪的文化,融合古今中外一切文化精华,构建具有中国特色的现代民族文化,向世界和未来展示中华民族具有独特魅力的文化风采。

中华文化就是中华民族及其祖先所创造的、为中华民族世世代代所继承发展的、具有鲜明民族特色而内涵博大精深的优良传统文化,历史十分悠久,流传非常广泛,在世界上拥有巨大的影响力,是世界上唯一绵延不绝而从没中断的古老文化,并始终充满了生机与活力。

浩浩历史长河,熊熊文明薪火,中华文化源远流长,滚滚黄河、滔滔长江是最直接的源头,这两大文化浪涛经过千百年冲刷洗礼和不断交流、融合以及沉淀,最终形成了求同存异、兼收并蓄的辉煌灿烂的中华文明。

中华文化曾是东方文化的摇篮,也是推动整个世界始终发展的动力。早在500年前,中华文化催生了欧洲文艺复兴运动和地理大发现。在200年前,中华文化推动了欧洲启蒙运动和现代思想。中国四大发明先后传到西方,对于促进西方工业社会形成和发展曾起到了重要作用。中国文化最具博大性和包容性,所以世界各国都已经掀起中国文化热。

中华文化的力量,已经深深熔铸到我们的生命力、创造力和凝聚力中,是我们民族的基因。中华民族的精神,也已深深根植于绵延数千年的优秀文

序言

化传统之中，是我们的精神家园。但是，当我们为中华文化而自豪时，也要正视其在近代衰微的历史。相对于5000年的灿烂文化来说，这仅仅是短暂的低潮，是喷薄前的力量积聚。

中国文化博大精深，是中华各族人民5000多年来创造、传承下来的物质文明和精神文明的总和，其内容包罗万象，浩若星汉，具有很强的文化纵深感，蕴含丰富的宝藏。传承和弘扬优秀民族文化传统，保护民族文化遗产，已经受到社会各界重视。这不但对中华民族复兴大业具有深远意义，而且对人类文化多样性保护也有重要贡献。

特别是我国经过伟大的改革开放，已经开始崛起与复兴。但文化是立国之根，大国崛起最终体现在文化的繁荣发展上。特别是当今我国走大国和平崛起之路的过程，必然也是我国文化实现伟大复兴的过程。随着中国文化的软实力增强，能够有力加快我们融入世界的步伐，推动我们为人类进步做出更大贡献。

为此，在有关部门和专家指导下，我们搜集、整理了大量古今资料和最新研究成果，特别编撰了本套图书。主要包括传统建筑艺术、千秋圣殿奇观、历来古景风采、古老历史遗产、昔日瑰宝工艺、绝美自然风景、丰富民俗文化、美好生活品质、国粹书画魅力、浩瀚经典宝库等，充分显示了中华民族厚重的文化底蕴和强大的民族凝聚力，具有极强的系统性、广博性和规模性。

本套图书全景展现，包罗万象；故事讲述，语言通俗；图文并茂，形象直观；古风古雅，格调温馨，具有很强的可读性、欣赏性和知识性，能够让广大读者全面触摸和感受中国文化的内涵与魅力，增强民族自尊心和文化自豪感，并能很好地继承和弘扬中国文化，创造未来中国特色的先进民族文化，引领中华民族走向伟大复兴，在未来世界的舞台上，在中华复兴的绚丽之梦里，展现出龙飞凤舞的独特魅力。

目 录

运筹帷幄——兵法韬略

002　晋楚争霸产生最早兵书

011　兵圣孙武著《孙子兵法》

021　王诩隐居而著《鬼谷子》

031　决胜千里的《孙膑兵法》

出谋划策——实战经验

黄石公赠张良《三略》　040

诸葛亮著《兵法二十四篇》　047

集群书而撰《三十六计》　053

李靖著《李卫公问对》　061

目录

决胜之道——用兵之计

刘基传奇著《百战奇略》　070

唐顺之博采而撰《武编》　078

戚继光抗倭经验成兵法　085

运筹帷幄

兵法韬略

西周末期,周宣王连年征战,国力消耗得很厉害,社会矛盾加深。公元前771年,西周最终灭亡了。在东周时期,周天子的势力不断减弱,而各诸侯的势力却不断增强,动摇了周朝宗主国的地位。

在春秋战国时期,各诸侯国为了争夺地盘,扩充势力,征战不已,社会政治、军事、经济、文化各方面,都发生了重大变化。这个时候,军事家和兵法家及统兵将领,热衷于总结战争经验,探讨战法与阵法的变化,研究兵法理论,并著书立说,兵法理论及思想因此有了重大发展。先秦兵法理论所取得的成就对后代兵法的进一步发展奠定了良好的基础,起到了奠基性作用。

晋楚争霸产生最早兵书

西周晚期,周王室衰落,周天子失去了以往的权威,诸侯之间彼此兼并,争夺土地和人民,因此连年征战,一时之间,华夏大地硝烟四起,斗争此起彼伏,经久不息。与此相适应,兵学思想也有了重大

■ 古代战争复原画面

■ 晋文公图霸中原之战雕塑

发展。一些军事理论著作应运而生，其中最有代表性的兵学著作是《军志》和《军政》。

周襄王二十年，即公元前632年，晋、楚两国为争夺中原霸权，在城濮地区进行了一次你死我活的大决战。

晋军先后攻占楚国的盟国卫国的都城楚丘和曹国的国都陶丘，并俘虏了曹国国君曹共公。与楚盟军激战的同时，晋军又联合齐、秦两国与楚国及其他盟军相抗衡。

一战失利，楚国国君楚成王被迫率部分楚军从宋国国都商丘撤退到申国，并令大将尹子玉放弃围宋，避免与晋军决战。尹子玉不听，独自率领部下向北进发与晋军决战。

晋、楚两军还没有接触，晋文公就下令晋军后撤

中原 指以河南为核心延及黄河中下游的广大地区，这一地区是中华文明的发源地，被古代华夏民族视为天下中心。古时，常将这一地区称为"中国""中土""中州"等。

■ 楚庄王出征塑像

楚庄王（？—前591年），又称荆庄王，出土的战国楚简将其写作臧王。楚穆王之子。春秋时期楚国最有成就的君主。谥号"庄"。他在位期间，整顿内政，重用贤能，发展军力。在贤臣良将的辅佐下，楚庄王成为中原霸主，在历史上留下浓墨重彩的一笔。

九十里，这个做法既履行了他当年流亡楚国时自己许下的"退避三舍"的诺言，又诱使楚军深入，使其陷入被动地位。

四月初一，晋、齐、秦、宋联军退至城濮附近区域，按上军在右、下军在左、中军居中的次序布阵。楚联军尾追而来，并分左、右、中三军，择地布阵。

第二日，决战开始。晋军先以下军一部兵力击溃楚联军中薄弱的陈、蔡两军，又以上军主将狐毛在车上竖起两面大旗，佯示主将后退；下军主将栾枝在阵后用车辆拖拽树枝扬起尘土，伪装晋军后退。

楚国大将尹子玉不知是计，下令全军追击，致使左军孤军突出，侧翼暴露。晋军趁机将楚军左军歼灭。尹子玉见势不妙，急忙指挥楚军撤军，晋军则乘胜追击。

尹子玉率领残兵败将狼狈逃回楚地，不久，被迫自杀以谢罪楚国上下。晋楚城濮之战以晋国完胜和楚国的完败而告终。

《军志》中记载了这次战役,并总结了晋国之所以取胜而楚国之所以失败的原因,在总结原因的基础上,揭示了战争的规律,曰:

允当则归、知难而退、有德不可敌。

大意是说:"军事行动要适可而止,要知难而退,有德的国家不可抗拒。"这里的"德"指的是政治,政治上处于优势的国家是不可战胜的。

《军志》把政治作为决定战争胜负的首要条件,是当时军事家的战略思维,是难能可贵的。

《军志》曰:"先人有夺人之心。"意思是说:"先发制人,可以瓦解敌人的意志。"这句话是在讲述公元前597年,晋、楚两国为再次争夺中原霸权,在"邲"这块地方展开了一次主力决战。

周定王十年,即公元前597年6月,楚庄王与令尹孙叔敖率大军攻打郑国。晋中军元帅荀林父率领晋军前去援救郑国,到了河水时,荀林父听到消息称郑国已经投降了楚国。

> **令尹** 是楚国在春秋战国时代的最高官衔,是掌握政治事务,发号施令的最高长官,其身处上位,对内主持国事,对外主持战争,总揽军政大权于一身。令尹主要由楚国贵族当中的贤能来担任,亦有外姓之人为令尹,但不多见。

■ 孙叔敖画像

■ 古代战争场景

中军 古代军队编制的称谓。古军制分上军、中军、下军,以中军为最尊,上军次之,下军又次之。上军为大部队探路;中军就是主力大部队。下军负责粮草等辎重,并为大部队提供后卫。另外还有左军和右军,它们保护大部队的两翼,并策应大部队的行动。

荀林父认为再去援救郑国已经没有意义了,于是他下令晋军停止前进,准备返回晋地。楚庄王认为晋军这个举动是十分不明智的,属于号令不遵,他马上命令楚将孙叔敖率楚军北上消灭这支晋军。

两军见面后,孙叔敖假装和晋军求和,等麻痹了晋军后,孙叔敖指挥楚军先发制人,向晋军猛冲过去。来势凶猛的楚军迫近时,晋主将荀林父惊惶失措,来不及预防,晋军全线溃退,最后,部分晋军渡河逃遁。楚军取得了这次战争的胜利。

类似讨论用兵之道的内容,《军志》中有很多,如:"先人有夺人之心,后人有待其衰。"意思是说:"先发制人,可以瓦解敌人的意志;后发制人,要等待敌人士气的衰竭。"再看:"止则为营,行则为阵。"意思是说:军队在夜晚停止行进时要扎营,行进时要随时能转换为战阵。再看:"纷纷纭纭,斗乱而不可乱也,浑浑沌沌,形圆而不可败也。"大意是：战场上虽然旌旗纷纷，人马纭纭，但是统兵的将领却要把紊乱无序的部队，部署得井井有条，混沌相连，看不出疏漏和空隙，布列得圆满而无疏缺。

后来宋代的类书《太平御览·兵部四·将帅》引《军志》一段话：

将谋欲密，士众欲一，攻敌欲疾，将谋密则奸心闭，士众一则群心结，攻敌疾则诈不及。设军有此三者，则计不夺。将谋泄则军无势，以外窥内则祸不制，财入营则众奸会，将有此三者，军必败也。

《太平御览》

宋代一部著名的类书，为北宋李昉、徐铉等学者奉敕编撰，编撰于977年3月，成书于983年10月。《太平御览》初名为《太平总类》。书成之后，宋太宗阅读后，更名为《太平御览》。全书以天、地、人、事、物为序，分成五十五部，可谓包罗古今万象。书中共引用古书一千多种，保存了大量宋以前的文献资料，使本书显得弥足珍贵。

■ 古代战争场景

■ 古将士涉水奔袭

李靖（571—649年），字药师，京兆三原（今陕西三原县东北）人。隋末唐初将领，是唐朝文武兼备的著名军事家。后封卫国公，世称李卫公。李靖善于用兵，长于谋略，原为隋将，后效力李唐，为唐王朝的建立发展立下赫赫战功，南平萧铣、辅公祐，北灭东突厥，西破吐谷浑。去世后谥曰景武，陪葬昭陵。著有数种兵书，但多亡佚。

这段话将战争与军事行动有关的"三要"即保密、团结、速战速决等重大问题，论述得清晰透彻，言简意赅。

"将谋欲密"指的是统兵将帅要有极强的保密观念，在制订作战计划、进行军事部署时要严格保密，不可泄露军机。

若能做到这一点，就能将内奸和外来间谍的耳目闭塞。如果将帅的谋划泄露，则军队就会失去战斗力。倘若一方的间谍窥探了另一方的内情，就不可避免造成祸患。如果敌人用财物贿赂成功，就会有内奸会集，作战就会必然失败。

"士众欲一"指的是统兵将帅要采取各种举措，使部队上下团结一心，一致对敌，这样就能令行禁止，战无不胜，攻无不克，所向无敌。否则作战就必然失败。

"攻敌欲疾"指的是统兵将帅在指挥部队作战时，军令要威严如山，行动要疾雷不及掩耳，这样就能使敌人主帅的奸计诡诈来不及实施，敌军的作战行动无法展开，否则作战就必然失败。

《军志》的精辟理论影响深远，多数被后世的统兵将帅所吸纳，如公元621年，唐将李靖就以"攻敌欲疾"之策降服了萧铣。

《军政》中也有这样的精辟之论，如："见可而进，知难而退。"又曰："强而避之。"大意是说："见到条件可以就进攻敌人，知道条件困难就退却。"又说："敌人强大就避开他。"

所谓"见可而进"，指的是统兵将领在指挥军队进行作战时，经过对敌我双方军事诸条件进行分析对比后，能够得出我优敌劣或我强敌弱的结论，就可以果断地做出对敌发起进攻的决定，借以夺取战争的胜利。

"知难而退"和"强而避之"，是同一个含义的不同说法，指的是统兵将帅在指挥军队进行作战时，经过对敌我双方军事诸条件进行分析对比后，得出敌强我弱、敌众我寡或敌优我劣的结论，就要明智

古代战车示意图

地做出"知难而退""强而避之"的决定。

《军志》和《军政》已超出对战争和军事活动的简单记述,是对战争和其他军事活动经验的总结和概括,并在一定程度上揭示了战争和军事活动中的某些规律,反映了对战争与军事其他诸方面研究所获得的成果,已具有兵学研究的特点,并被《孙子兵法》等兵书及其他典籍所征引。

《军志》和《军政》的某些内容在《左传》《孙子兵法》以及《太平御览》、杜佑的《通典》等书中都有记载,这些记载证明了《军志》和《军政》的存在及其价值所在。它们为春秋战国时期兵书著述,即军事文化的第一次发展高潮奠定了基础。

阅读链接

晋楚争霸,晋文公下令晋军"退避三舍"是有原因的。晋文公在没有成为晋国国君前,名叫重耳,是晋献公的一个儿子。晋献公欲立骊姬的儿子奚齐为太子,将原来的太子申生给杀了。重耳逃难到了楚国。

楚成王以国君之礼迎接重耳,待他如上宾。重耳也对楚成王十分尊敬。一天,楚王设宴招待重耳,两人饮酒叙话,气氛十分融洽。楚王忽然问重耳:"你若有一天回晋国当上国君,该怎么报答我呢?"重耳略一思索说:"要是托大王的福,我能够回到晋国,那我一定努力跟贵国交好,让咱们两国的百姓过上太平日子。但是万一两国发生战争,那么在两军相遇时,为了报答大王您,我一定退避三舍。如果还不能得到您的原谅,我再与您交战。"古时候行军,每三十里叫作"一舍"。退避三舍,就是退让九十里的意思。日后,晋楚两国发生了战争,晋文公践行了自己的诺言,退让楚军"三舍"之地。

兵圣孙武著《孙子兵法》

在西周周惠王统治时期，诸侯小国陈国发生内乱，一时间兵戎相见，人人自危，人们纷纷逃离陈国。陈厉公的长公子陈完预感到大祸即将殃及自己，为了活命，他也匆忙逃离了陈国。

忙于逃命的陈完一时间不知道该逃往哪里。他忽然想到了齐国。齐国濒临大海，物产丰富，更为重要的是实力强大。当政的齐国国君齐桓公在大臣管仲的辅佐下，进行了大刀阔斧的改革，取得了显著的成果，齐国一跃成为一个称雄于诸侯的大国。陈完决定逃往齐国避难。

陈完逃到齐国后，改姓田氏，成为管理手工业生产的"工

陈完画像

■ 孙武画像

黄帝 古华夏部落联盟首领，我国远古时代华夏民族的共主，传说中的五帝之首，被尊为中华"人文初祖"。据说本姓公孙，后改姬姓。居轩辕之丘，号轩辕氏，建都于有熊，即河南新郑，亦称有熊氏。黄帝以统一华夏部落的伟绩被载入史册，在位期间，播百谷草木，大力发展生产，始制衣冠，制音律，创医学等。

正"之职。经过几代之后，田完的五世孙田书已经成为齐景公王朝的大夫。

田书在一次战争中立了大功，齐景公十分高兴，就把乐安这块地方封给了他，作为他的采邑，并赐姓孙氏，田书也就成了孙书。

孙书有一个儿子叫孙凭，字起宗，在齐景公朝中为卿。公元前535年前后，孙凭的一个儿子出生了，新生命的降世对于这个正处于鼎盛时期的家族来说，无异于锦上添花。

这个新生命出生的当天晚上，同在朝中为官的孙书和孙凭父子俩都赶回家中。全家上下自主人到仆人都沉浸在无比喜悦的氛围之中。

孙书决定给孙儿取名为"武"。武的字形由"止""戈"2字组成，能止戈才是武。这是孙书对孙儿的极大祝愿。

孙书还给孙儿取了个字，叫"长卿"。"卿"为朝中的大官，与大夫同列。孙书为齐大夫，孙凭为齐卿。他们希望孙武将来也能像他们一样，在朝中为官，成为国家栋梁。

如他们所愿，孙武自幼聪慧睿智，机敏过人，且勤奋好学，善于思考，富有创见。更令他们欣喜的是，小孙武特别喜欢军事。每当孙书、孙凭自朝中回到家里，小孙武总缠着他们，让他们给他讲故事。他特别喜欢听打仗的故事，而且百听不厌。

渐渐地，在一旁侍候孙武的奴仆、家丁也都学会了讲故事。于是，当祖父和父亲不在家时，小孙武就缠着他们给他讲故事。

除了听故事，小孙武还有一个最大的爱好就是看书，尤其是喜欢看兵书。孙家收藏的兵书非常多，《黄帝兵书》《军志》《军政》《军礼》《管子兵法》及上自黄帝、夏、商、周，下到春秋早、中期有关战争的许多竹简，塞满了阁楼。

小孙武喜欢爬上阁楼，把写满字的竹简拿下来翻看。有不明白的问题就请教家聘的老师，甚至直接找祖父、父亲问个明白。

卿 古代官名，如三公九卿。汉以前有六卿，汉设九卿。北魏在正卿以下还有少卿。以后历代相沿，清末才废弃。后来成为古代对人的敬称，如称儒学大师荀子为"荀卿"。还有就是自唐代开始，君主称臣民的称号。

■ 古籍《孙子兵法》书影

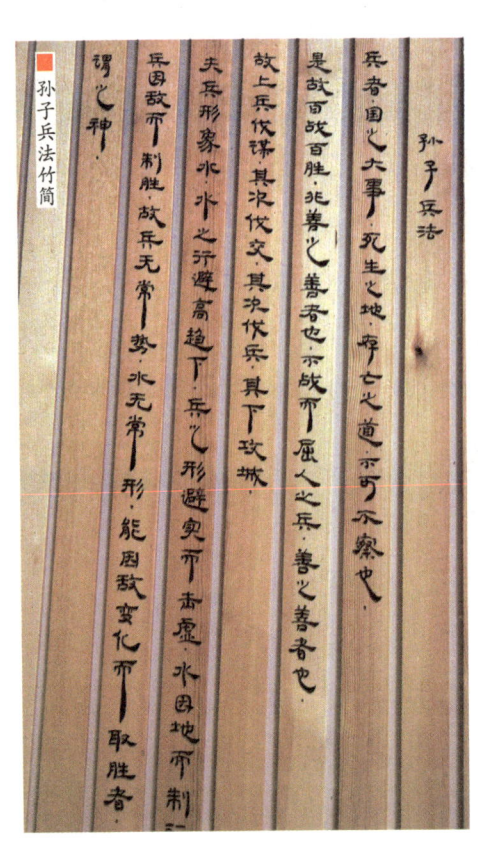

孙子兵法竹简

有一次,孙武读到"国之大事,在祀与戎",他不明白,就跑去问老师:"先生,祀是什么?戎是什么?"

老师想今天孙武问的问题倒是简单,于是随口说:"祀是祭祀,戎是兵戎。"

孙武接着问:"祭祀是种精神的寄托,怎么能和兵戎相提并论为国家的大事呢?"

老师感到有些惊讶,一时答不出来。

孙武振振有词地说道:"只有兵才是国家的大事,而且是君臣不可不察的大事。"

孙武8岁时,被送进"庠序"接受系统的基础知识教育。在所有的课程中,孙武最感兴趣的是"六学"中的"射"和"御"。

受尚武精神的影响,齐国从国君到士兵,都以勇武为荣。"射"和"御"是齐人首练的武技,主要用于长距离的攻击,是军事活动的重要手段。

齐人向来以"射"术和"御"术的高低为荣辱,这已成为一种社会风尚。要想出将入相,为国家重用,首先必须练好这两门科目。

孙武对"射"和"御"做出了比其他学生多数倍的努力。他刻苦练习,甚至到了废寝忘食的地步。很快,孙武就成了掌握这两项技能的同辈中的佼佼者。

孙武没有满足,更没有就此止步,依旧是冬练三九,夏练三伏。

此时，孙武心中朦朦胧胧有一个理想，那就是长大后要像他的祖父孙书、叔父田穰苴一样，成为一名驰骋疆场的大将军。

在孙武勤练"射"和"御"期间，齐国内部矛盾突发，且愈演愈烈，四大家族相互之间争权夺利的斗争已经白热化了。孙武看在眼里，急在心里，为了不纠缠其中，他萌发了远奔他乡，另谋出路施展自己才华的想法。

他把目的地定在了地处南方的新兴国家吴国。他认为新兴的吴国是他才能施展和实现抱负的理想地方。大约在公元前517年，18岁的孙武携带妻子鲍氏、小儿子孙明和仆人们，从山东逃奔到了吴国。

进入吴国境内后，孙武在吴都姑苏郊外结识了从楚国潜逃来的楚国名士伍子胥。二人一见如故，结为密友。孙武在姑苏西南的穹窿山隐居下来。

孙武和家人住在穹窿山，过着自耕自作的隐居生活。山坞中平畴田陌可供耕作，宜于农桑，适于饲养禽畜，种植菜蔬。

虽说这里浓荫蔽日，溪泉潺潺，却并不显得潮湿，高地茅舍，僻静幽深，交通非常便利。孙武除了帮助家人从事耕作，干点农活，几乎把全部的精力都投入兵法研究上。

春秋时期城墙遗址

■《孙子兵法》

伍子胥（前559—前484年），春秋末期吴国大夫、军事家，名员，字子胥，原是楚国椒邑人。伍子胥的父亲伍奢为楚平王子建的太傅，因受奸臣费无忌谗害，和其长子伍尚一同被楚平王杀害。伍子胥从楚国逃到吴国，成为吴王阖闾的重臣。

孙武离开齐国时，把自己喜爱的古兵书和自己撰写的兵法十三篇，全部带到了吴国。辗转了好几个月，现在终于可以静下心来，认真阅读和研究了。他不停翻阅着这些古兵书，对自己撰写的兵法十三篇一遍又一遍地进行修改。

孙武还花费大量时间，对穹窿山及其周围的太湖、其他山脉等环境进行了实地勘查，掌握了翔实的地理资料。

孙武将掌握、了解到的吴国的一些具体情况，如吴国和楚国的关系等，写进兵法十三篇中去，使兵法十三篇更符合吴国国情，更适合吴王及其大臣的取向。孙武坚信，吴国就是他建功立业的地方，就是他实现全部理想的地方。

孙武新结识的密友伍子胥和吴国公子光是好朋友。在光成为吴王阖闾后，伍子胥向他推荐了正在隐居的孙武。伍子胥称赞孙武是个文能安邦、武能定国的旷世奇才。阖闾开始不信，伍子胥不厌其烦，反复推荐孙武，一个早上就推荐了7次，阖闾终于答应接见孙武。

孙武见实现自己远大抱负的机会来了，就带着修改完成的《孙子兵法》十三篇去见吴王阖闾。见面后，阖闾说："今日请先生进宫，是想借此机会探讨一下兵法，先生身边的几位将军，是我朝的几员老将，他们都身经百战，有着丰富的作战经验。先生来自齐国，我们想听听吴国外的用兵之法。"

孙武环顾四周，看眼前阵势，知道吴王是想考验自己。吴王对一位老者说："你作战经验丰富，你讲讲如果深入敌国作战，要遵循什么原则呢？"

老者慢条斯理地说道："在我看来，率军深入敌国，振奋士气、统一军心是极为重要的，要注意休养士兵，安抚好他们的家属，使他们没有后顾之忧，安心训练。千万不可率疲惫之师与敌军战斗，士兵只有积蓄起足够的力量才能斗志昂扬。"

然后，吴王又问孙武："先生又有什么高见呢？"

孙武说："我想，士兵遭遇无路可走的境地也可以激起他们作战的勇气，当士兵走投无路，陷入绝境的时候，就什

> **楚国** 春秋战国时期南方的一个诸侯国。楚人是华夏族南迁的一支，其国君为熊氏，其全盛时的最大辖地大致为现在的湖北、湖南全部，重庆、河南、安徽、江苏、江西、浙江的部分地方。公元前223年被秦国所灭。

■ 伍子胥画像

■ 古战场复原图

竹简 战国至魏晋时代的书写材料。是指削制而成的狭长竹片、木片，竹片称"简"，木片称"札"或"牍"，统称为"简"，现在一般说竹简。均用毛笔墨书。由于其材料的局限，难以广泛地传播，这极大地限制了文化和思想的传播，这一切直至纸张出现后才得以改变。

么都不怕了。如果只有死路一条，拼出生命作战或许还有一线生还的希望，这样的军队往往能展示出意想不到的战斗力。还有平日里整顿军队是十分必要的，军队里要严格禁止谣言、迷信的传播，以稳定军心。"孙武滔滔不绝，析理透彻，说得众人不住点头。大谈一番后，孙武献上了写着《孙子兵法》的竹简。

阖闾粗略一看，便频频点头称赞。由于时间太晚了，阖闾只得带回宫去仔细观看。阖闾仔细读过后，十分惊喜，感觉孙武将兵战论述得真是太透彻了。可以说字字珠玑，篇篇华章，真言警句，比比皆是。仅仅五千余言的一部兵书，深刻阐明了兵战的利害关系、战争规律、将帅素质和胜战要求。

孙武在兵法十三篇中自比商朝开国大臣伊尹和周朝开国大臣姜太公，体现了他的远大理想、宏伟抱负和辅佐吴王创建千秋伟业的愿望。

阖闾对孙武的军事之才大为叹服。他任命孙武为吴国将军,统领吴国军队。从此,孙武的军事生涯开始了。

《孙子兵法》是一部内容完备、结构严谨的兵法谋略专著。在书中,孙武把与战争有关的军事问题,分为十三篇加以论述。各篇既能独立成章,相互之间又有密切的联系,上下承启,前后衔接,浑然一体。

《孙子兵法》十三篇,分别为:始计篇、作战篇、谋攻篇、军形篇、兵势篇、虚实篇、军争篇、九变篇、行军篇、地形篇、九地篇、火攻篇、用间篇。

始计篇讲的是庙算,即出兵前在庙堂上比较敌我的各种条件,估算战事胜负的可能性,并制订作战计划。这是全书的纲领。

作战篇主要是讲庙算后的战争动员。谋攻篇是讲

姜太公(前1156—前1017年),名尚,一名望,字子牙,或称吕尚。商末周初著名政治家、军事家和谋略家。姜子牙曾帮助周武王讨伐商朝末代君主纣王,成为周朝建立的大功臣。姜子牙被认为是齐国的缔造者、齐文化的创始人,历代典籍都公认他的历史地位,儒、道、法、兵家皆追他为本家人物,被尊为"百家宗师"。

■ 两军交战场景

以智谋攻城,即不专用武力,而是采用各种手段使守敌投降。军形篇和兵势篇是讲决定战争胜负的两种基本因素:"形"和"势"。

虚实篇讲的是如何通过分散集结、包围迂回,造成预定会战地点上的我强敌劣,最后以多胜少。军争篇讲的是如何"以迂为直""以患为利",夺取会战的先机。

《孙子兵法》是孙武在总结商、周、春秋时代战争经验的基础上,融入个人对战争的精心研究所获得的成果。其实用性和指导性非常强,其中针对各种各样的情况,都有专门论述,其准备、应对之法简洁有效,具有针对性,被广为援用。

《孙子兵法》军事思想科学、丰富,战略战术变化无穷,集"韬略""诡道"之大成,是兵家的谋略宝库,被尊为"谈兵之祖""兵经"和"兵学圣典"。其博大精深的军事内涵和逻辑缜密严谨的论证对后世军事理论的创作起到了启蒙和借鉴的作用。

阅读链接

相传孙武去见吴王阖闾,吴王问他能不能训练女兵,孙武说:"可以。"于是吴王拨了一百多位宫女给他。孙武把宫女编成两队,用吴王最宠爱的两个妃子为队长,然后把一些军事的基本动作教给她们,并告诫她们还要遵守军令,不可违背。不料孙武开始发令时,宫女们觉得好玩,一个个都笑了起来。

孙武以为自己话没说清楚,便重复一遍,等第二次再发令,宫女们还是只顾嬉笑。这次孙武生气了,便下令把队长拖去惩罚,理由是队长领导无方。吴王听说要惩罚他的爱妃,急忙向他求情,但是孙武说:"君王既然已经把她们交给我来训练,我就必须依照军队的规定来管理她们,任何人违犯了军令都该接受处分,这是没有例外的。"结果还是惩罚了她们。宫女们见他说到做到,都吓得脸色发白。第三次发令,没有一个人敢再开玩笑了。

王诩隐居而著《鬼谷子》

春秋时期，在周王朝的阳城地界，有一个山谷，山深树密，幽不可测，不是一般人所能居住的地方，所以叫"鬼谷"。

在这谷中居有一位隐者，自号"鬼谷子"，相传他是晋平公时人，姓王名诩。他常入云梦山采药修道。

鬼谷子的师傅离世前，交给鬼谷子一卷竹简，简上书"天书"2字。鬼谷子打开一看，却发现书里从头至尾竟无一字，鬼谷子不觉心中纳闷儿。他苦思冥想了一会儿，也没想出个结果来，他一时觉得无着无落，心中感觉空空荡荡的，无心茶饭，

鬼谷子画像

■ 鬼谷子塑像

就钻进自己的洞室倒头便睡。

可偏偏睡不着,鬼谷子辗转反侧,老是想着那卷无字天书竹简,直折腾到天黑,那竹简仍在眼前铺开卷起,卷起铺开。他索性爬将起来,点着松明火把,借着灯光再看这部"天书"。

这一看吓得他跳了起来,竹简上竟闪出道道金光,一行行蝌蚪文闪闪发光,鬼谷子叹道:"莫非这就是世传《金书》?"

鬼谷子一时兴致倍增,一口气读将下去,从头至尾背之成诵。原来上面录着一部纵横家书,尽讲些捭阖、反应、内楗、抵峨、飞钳之术。全书共13篇。

第一篇大意是说:与人辩论,要先抑制一下对方的势头,诱使对手反驳,以试探对方实力。有时也可以信口开河,以让对方放松警惕,倾吐衷肠;有时专听对方陈说,以考察其诚意。

第二篇大意是说:与人辩论,要运用反复的手法。只要反复地试探,就没有摸不到的底细。要想听到声音就先沉默,要想张开,就先关闭;要想升高,就先下降;要想夺取,就先给予。

第三篇大意是说:要掌握进退的诀窍,这诀窍就是抓住君主的爱好,只要抓住了就可以随心所欲,独

纵横家 指战国时期的一批从事政治活动的谋士,他们以审察时势、陈明利害的方法,以"合纵""连横"的主张,游说列国君主,对当时的形势产生一定的影响,这些人被称为纵横家。当时谋士一般分属合纵、连横两派,其代表人物为苏秦、张仪。

往独来。如能顺着君主的情绪去引导或提出建议，就能随机应变，说服君主。

第四篇大意是说：在辩论中要能利用别人的裂痕，同时，还要防止自己一方的裂痕。当裂痕较小时要补住，大点时要切断裂缝，当大到不可收拾时就干脆将其打破，裂痕也就消灭了。

第五篇大意是说：与人雄辩要设法钩出对方的意图，用飞扬之法套出对方的真话，再用钳子钳住，使其不得缩回，只好被牵着走。这样就可纵可横，可南可北，可东可西，可反可复。

第六篇大意是说：要想说服他人，必先衡量一下自己的才能长短，比较优劣，自身才质不如他人，就不可能战胜他人。

第七篇大意是说：要游说天下人君，必揣测诸侯

蝌蚪文 也叫"蝌蚪书""蝌蚪篆"，是在于笔画起止，皆以尖锋来书写，其特色也是头粗尾细，名称是汉代以后才出现的，在唐代以后便少见到，在浙江仙居县淡竹乡境内发现。这些文字是上古时代的文字，也是古代人民陆续造成的文字的总称。

古代将军作战浮雕

■ 春秋时期战争场面

指南针 一种判别方位的简单仪器，又称指北针。指南针的主要组成部分是一根装在轴上可以自由转动的磁针，在地磁场作用下，磁针的北极指向地理的北极，利用这一性能可以辨别方向。指南针常用于航海、大地测量、旅行及军事等方面。

真情，当人处于极度兴奋时，就无法隐瞒真情，当人极度恐惧时也无法隐瞒真情。这时才能有效地游说和说服人。

第八篇大意是说：善于揣摩他人意图的人就像钓鱼一样不动声色，让鱼自动上钩，"摩"的目的就是刺激对方，让他不由自主地上你的钩。把事情办成功，使人不知不觉。

第九篇大意是说：要游说人主，就要量天下之权，要比较各诸侯国的地形、谋略、财货、宾客、天时、安危，然后才能去游说。

第十篇大意是说：要做大事，就要有一个向导，就像指南针一样，游说的向导是谋略，要先策划好，再按着策划的内容去游说。

第十一篇大意是说：游说要先解疑，解疑的好办法是让对方道出实情。

第十二篇大意是说：耳朵要善于听，眼睛要善于看，用天下之耳听，则无不闻；以天下之目看，则无不明；以天下之心虑，则无不知，只有对事情了如指掌，才能言无不验，言无不听。

第十三篇大意是说：游说要靠巧辞，要对什么人说什么话，说什么话就要采用什么办法和说辞。不要简单直言，要研究讲话的对象，讲究讲话的技巧。

读完这十三篇，鬼谷子不禁拍案叫绝。他不禁想起与师父一起生活研习的时光，想着想着，不觉一阵阵的心酸，不知过了多久，鬼谷子又钻进被窝睡去。

第二天太阳升起挺高之后，鬼谷子才忽然醒来。他又把《金书》打开来看，不料书中又一字皆无。鬼

游说 指战国时代策士们周游列国、劝说君主采纳其政治主张的活动。游说者多是贤人能士，他们持有一定政治和哲学主张，为得到统治者的信用，往往率领门徒游说于诸侯之间，陈说形势，朝秦而暮楚。秦汉时期，中国知识阶层的游士时代告终，然策士游说促进了古代政治思想、辩论术的发展。

■ 春秋时期青铜战马

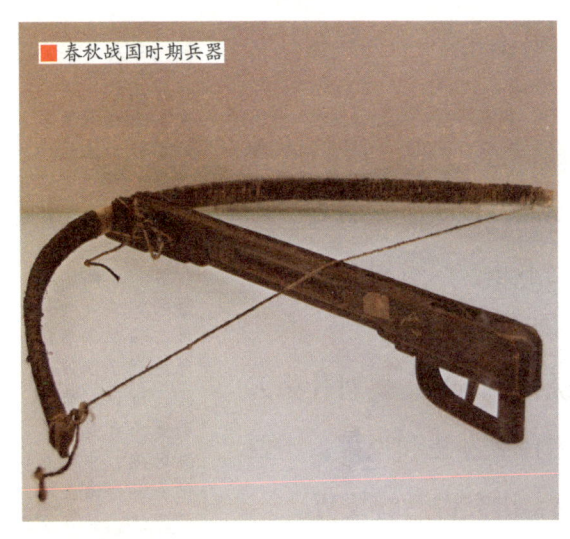

春秋战国时期兵器

谷子又苦思冥想起来，不觉日落偏西，黑夜又至。鬼谷子又发现金书闪着金光，字迹依稀可见。

鬼谷子越发感到奇怪了，仔细查看之后，才明白，原来月光从天窗射进来照在《金书》上，《金书》属阴性，见日则不显，在月光、灯光下才显其缕缕金文。

怎么换了文章，昨天读的是纵横之言，如今怎么成了兵法？鬼谷子把竹简细细翻一遍，还是兵法，他一口气读将下去，书还是分为13篇。

第一篇大意是说：纵横捭阖乃万物之先，是治世安民的前提，要想一统天下，用兵不是良策，应尽量避免战争。不通过战争而使人屈服才是最高明的。

第二篇大意是说：军机大事在知己知彼，要有制胜之谋。掌握敌情要快、要全，暴露给敌人的要少、要慢，阴谋与阳谋，方略与圆略，要交替运用，不可固守一端。同时谋略也要根据形势的变化，不给人以可乘之机。

第三篇大意是说：君臣上下之事，有亲有疏，有远有近，君臣之间远远听到声音就思念，那是因为计谋相同，等待君主来决策大事。在这种情况下君主要重用，将帅就要出仕，建功立业。

第四篇大意是说：合久必分，分久必合，这是自然的。圣明君主见到世事有了裂痕，就要设法去弥补。

第五篇大意是说：凡要决定远近征伐，就要权衡力量优劣。要考虑敌我双方的财力、外交、环境、上下关系，那些有隐患的就可征服。征服的上策，是靠实力去威慑。

第六篇大意是说：各国之间或联合，或对抗，要成就大业，需有全面计谋。要正确确立联合谁，打击谁，关键在于自己要有才能智慧，比较双方长短远近，然后才能可进、可退、可纵、可横，将兵法运用自如。

第七篇大意是说：要策划国家大事，就必须会揣测他国的想法，揣测是计谋的根本。

第八篇大意是说：主持练兵，使军队能打胜仗而士兵又没畏惧感，使军队常在不动兵器、不花费钱物的情况下就能取得胜利，这才算"神明"。而要做到这一点，关键在于谋略，而谋略是否成功，关键又在于周密。

第九篇大意是说：善于争霸天下的人，必须权衡天下各方的力量，要度量各国的土地人口、财富、地形、谋略、团结、外交、天时、人才、民心等国事，然后才能作出重大决策。

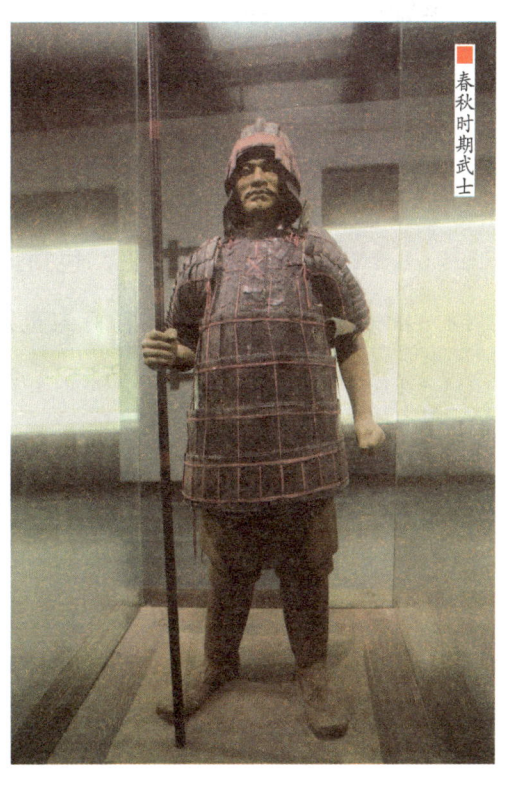
春秋时期武士

第十篇大意是说：凡兵谋都有一定规律。事生谋，谋生计，计生议，议生说，说生进，进生退，退生制。计谋之用，公不如私，私不如法，正不如奇，奇流而不止。

第十一篇大意是说：凡是要作出决断，都是因为有所疑惑，在一般情况下是可以通

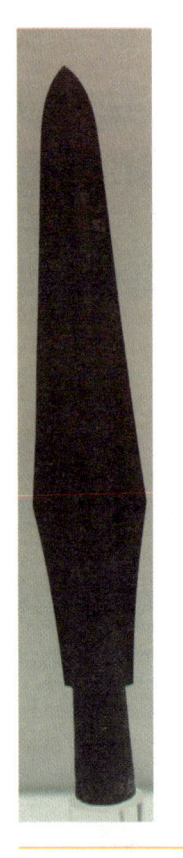

■ 春秋战国兵器矛

《本经阴符七术》是鬼谷子的一部著作。"本"，是根本的意思；"本经"，主要讨论精神修养；"阴符"，强调谋略的隐蔽性与变化莫测。《本经阴符七术》主要论述养精蓄锐之道，前三篇说明如何充实意志、涵养精神；后四篇讨论如何将内在的精神运用于外，如何以内在的心神去处理外在的事物。

过分析来决断的。而军中大事，各方面头绪十分复杂，难以决断时，可以用占筮的方法决断大事。

第十二篇大意是说：在用兵将之时要赏罚严明，用赏最重要的是公正。赏罚严明才能无往不胜。

第十三篇大意是说：举事欲成乃人之常情，为此，有智慧的人不用自己的短处，而宁可用愚人的长处，不用自己笨拙的方面，而宁用愚人所擅长之处，只有这样才不会穷困。

鬼谷子反反复复地读《金书》，日夜揣摩《金书》所含的义理，也不知道过了多少时日，最后他根据《金书》的内容，再根据自己的参悟体会，写出了《鬼谷子》及《本经阴符七术》两书。

《鬼谷子》共有14篇，分上中下3卷：上卷以权谋策略为主，包括捭阖、反应、内楗、抵巇4篇；中卷以言辩游说为重点，包括飞箝、忤合、揣篇、摩篇、权篇、谋篇、决篇、符言、转丸、胠乱10篇，其中转丸、胠乱后失传；下卷以修身养性、内心修炼为核心，包括本经阴符七术、持枢、中经3篇。

《鬼谷子》立论高深幽玄，文字奇古神秘，代表了战国游说之士的理论、策略和手段，是纵横捭阖术的经验总结，其中涉及大量的谋略问题，与军事问题触类旁通。

《鬼谷子》讲述了作为弱者一无所有的纵横家，是如何运用智谋和口才进行游说，进而控制作为强者握有一国政治、经济、军事大权的君主。其精髓与《孙子兵法》中所说的"知己知彼，胜乃不殆；知天知地，胜乃不穷"有相同的含义。

《鬼谷子》灵活运用古老的阴阳学说，解释并利用战国时代激烈的社会矛盾，制定出一整套了解社会并干预社会的计谋权术，构建了纵横游说之术的系统理论。

纵横游说之说培养了苏秦、张仪等杰出的游说之士，这些杰出的游说之士在舞台上演出了"合纵""连横"的一幕幕风云变幻的戏剧性场面。

这部奇书非常看重谋略，但更看重人。有了奇谋并不等于成功，因为奇谋需要有人去完成，去实施。有的人会用谋，而有的人却不会用谋。会用谋者圆满成功，不会用谋者不免失败，甚至会丢掉生命。

《鬼谷子》一书充满了功利主义思想，它认为为了达到自己的目的，一切自认为最合理的手段都可以运用。

《鬼谷子》一书可以说是谋略的集大成者，自诞生以来，影响深远，秦汉以来凡涉足纵横、计谋家者，在进

阴阳学说 即阴阳五行学说，我国古代朴素的辩证唯物的哲学思想，是以自然界运动变化现象和规律来探讨人体的生理功能和病理的变化，从而说明人体的机能活动、组织结构及其相互关系的学说。阴阳学说认为世上任何事物均可以用阴阳来划分，凡是运动着的、外向的、上升的、明亮的都属于阳；相对静止的、内守的、下降的、晦暗的都属于阴。

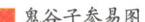
鬼谷子参易图

■ 鬼谷子雕像

行相关活动时其所采用的手段、方法，无不带有《鬼谷子》的痕迹，打有鬼谷子的烙印。

《鬼谷子》所揭示的智谋权术的各类表现形式，被广泛运用于内政、外交、战争、经贸及公关等领域，其思想深受世人重视，并享誉海内外。

阅读链接

相传，鬼谷子本是道教的洞府真仙，位居第四座左位第十三人，被尊为玄微真人，又号玄微子。洞府就是洞天，是神仙住的名山圣境，又称洞天福地。传说有"十大洞天""三十六小洞天"和"七十二福地"。真仙又称真人，只有得道成仙后方可称为真人。

玄微真人鬼谷子住在鬼谷洞天，是为了在凡间度几位仙人去洞天福地。他本想度他的四个弟子苏秦、张仪、孙膑、庞涓成仙，但是无奈苏秦、张仪、孙膑、庞涓四人皆尘缘未尽，凡心未了。鬼谷子只好在暗中关注弟子，不时助正抑邪。相传鬼谷子神通广大，有隐形藏体之术，混天移地之法；会投胎换骨、超脱生死；撒豆为兵、斩草为马；揣情摩意、纵横捭阖之术等。

决胜千里的《孙膑兵法》

春秋末期时，孙武受到吴王阖闾的重用，参与制定了针对越国的"疲越误越"战略，指挥吴军打败越国军队，之后，孙武归隐山林，过起与世隔绝的隐居生活。

君子报仇，十年不晚，孙武归隐山林之后，惨败的越国国君勾践立志复仇，他卧薪尝胆，暗中发展力量，吴王夫差被蒙在鼓里，马放南山，贪图享乐，终于被越国所击败，亡了国。

在这期间，孙武的一些后人又返回到齐国。孙武有三个儿子：孙驰、孙明和孙敌。其中次子孙明有儿子孙顺，孙顺又有儿子孙机，孙机又有儿子孙操，孙操又

孙膑画像

■ 孙膑献策围魏救赵

六艺 古代儒家要求学生掌握的六种基本才能：礼、乐、射、御、书、数。其中礼指礼节；乐指音乐；射指射箭技术；御指驾驶马车的技术；书指文学和书法；数指算术和数论知识。此外，还有一种说法，六艺即六经，谓《易》《书》《诗》《礼》《乐》《春秋》。

有儿子孙膑。

那个时候，社会动荡不安，诸侯国之间战争不断，孙家颠沛流离，几经迁徙，最后来到齐国边境一带。孙膑出生时，孙家正处于衰落的境地。

孙膑从小受到父亲孙操的言传身教，对军事产生了极大的兴趣，再加上他饱受战乱之苦，深深感到，残酷的战争同国家的安危、人民的生活、个人的命运息息相关，他立志继承祖业，研习兵学，做一个纵横驰骋于疆场的英雄，实现天下的和平与安宁。

定下目标后，孙膑开始学习"六艺"，即礼、乐、射、御、书、数，其中他对"射""御"两项尤其感兴趣，此后，不管刮风下雨，也不管天寒地冻，孙膑都毫不懈怠，坚持学习，坚持锻炼。

在苦练"六艺"的同时，孙膑意识到要实现自己的远大理想，还要认真学习军事典籍，从前人的智慧中汲取营养，学习经验。孙家是兵学世家，家中保存了很多兵书战策，孙膑如饥似渴地研习这些兵书战策。

他精读了《太公兵法》《管子》《孙武兵法》等兵书，将其中有用的知识熟记在心。孙膑本来就十分聪慧，再加上如此用心和努力，很快打下了坚实的军事理论基础。

犹如一块吸水的海绵,孙膑感到还没有"吸"到足够的知识,他决定走出家门,到外面广阔的世界闯荡一番,从而可以拜访各路高人,汇通各家学说,使自己的兵学造诣更上一层楼。

孙膑打听到魏国有一位号称"鬼谷子"的兵学大师,此人是当世高人,有着经天纬地之才,有着非同一般的才能。孙膑打听清楚后,立即告别亲友,踏上了远游投师之路。

鬼谷子是一位富有传奇的人物,是纵横家的开山鼻祖,他隐居于一个叫作"鬼谷"的地方教授门徒。

孙膑离开家乡后,不顾路途劳顿,日夜兼程,很快就进入魏国国境,来到鬼谷山下。鬼谷山面对一条清溪,背靠高峰,景色幽丽。

按照礼节,孙膑拜见了鬼谷子先生。鬼谷子知道了孙膑是孙武的后代后,半眯着眼睛仔细端详了一下孙膑,然后满面笑容地对孙膑说:"原来你是孙武的后人,现在兵圣的后人也立志学习研究兵法,很好,兵圣后继有人了,我收下了你这徒弟,

《管子》是一本记录春秋时期齐国政治家、思想家管仲及管仲学派的言行事迹的书籍。大约成书于战国时代至秦汉时期。《管子》共86篇,其中10篇仅存目录,其余76篇分为8类。内容比较庞杂,涉及政治、经济、法律、军事、哲学、伦理道德等各个方面。

■ 胡服图

战国时期战争

以后咱们可以一起研究切磋兵学。"

鬼谷子知道孙膑在兵学方面已经有了一定根底，于是采取教学相长的办法，先让孙膑对以前学过的兵法，如《神农兵法》《黄帝兵法》《太公兵法》《军志》《军政》《司马法》等加以温习领悟。

在此基础上，鬼谷子重点向孙膑传授孙武的兵法十三篇，两人一起体悟，一起交流心得。同时，鬼谷子教孙膑战阵之道，讲解五阵、八阵等排兵布阵的方法和道理。此外，鬼谷子还向孙膑传授了纵横之学，这门学问讲的是如何权谋奇变、纵横捭阖之术。纵横之学与兵学有着很深的内在联系。经过鬼谷子的悉心教导，孙膑对军事、兵学精义的理解和掌握更加得心应手，兵法知识都烂熟于心了。

孙膑在跟随鬼谷子学习兵法知识时，有一位同窗叫庞涓，庞涓来自魏国。孙膑和庞涓一起研读兵法，结下了同窗之谊。一天，庞涓突然向鬼谷子、孙膑告辞，说魏惠王正在招贤纳士，自己应该为祖国的强盛贡献聪明才智。

下山后，庞涓来到魏国的国都大梁求见魏惠王。魏惠王听说鬼谷子的高足来投奔，不禁喜出望外，马上接见了庞涓，并很快任命庞涓为魏国的大将军，统领魏国军队。

庞涓当上了大将军后，练兵有方，指挥有道，率兵出征击败了卫、宋等国，一时间，成为魏国的头号军事人物，名满中原。庞涓写了一封邀请信给孙膑，请孙膑下山担任魏国将军，为魏国服务。孙膑没有多想，遂辞别恩师，来到了大梁。但居心叵测的庞涓根本没有想把孙膑推荐给魏惠王的意思，原来他嫉妒孙膑的才能高过自己，想除去自己的心头之患。

孙膑一到大梁就被庞涓软禁起来。一天，庞涓派人宣布孙膑犯有私通齐国之罪，对其施行"膑刑"，即剔去膝盖骨的刑罚，使人无法行走。并在脸上刺字涂墨，使孙膑成为受人鄙视的"刑徒"。孙膑忍辱负重，借齐国使者的帮助瞒过庞涓等人的耳目，逃回齐国。齐威王同孙膑讨论兵法，见其兵法娴熟，见解高深，便任命孙膑为齐国军师。

公元前354年，庞涓率领8万魏军围攻赵国都城邯郸。赵国向齐国救援。齐威王以大将军田忌为主将，孙膑为军师，统兵8万前往救赵。孙膑向田忌建议：魏军长期围攻赵国，主力消耗在外，魏都大梁没有精锐部队，如果出兵大梁，赵国之危可解。田忌采纳了孙膑的计策，出兵大梁，庞涓闻报，指挥魏军回救大梁。在主力先期到达桂陵时，遭到了齐军的截击而大败。

公元前343年，魏军进攻韩国，韩国向齐国求救。齐威

> **鬼谷子** 鬼谷子姓王名诩，又名王蝉，号玄微子。汉族，战国时期楚国人。常入云梦山采药修道。因隐居周阳城清溪的鬼谷山，故自称鬼谷先生。鬼谷子为纵横家鼻祖，据说有通天彻地之能，精通多家学问，是我国历史上一位极具神秘色彩的人物，被誉为千古奇人。

■ 庞涓塑像

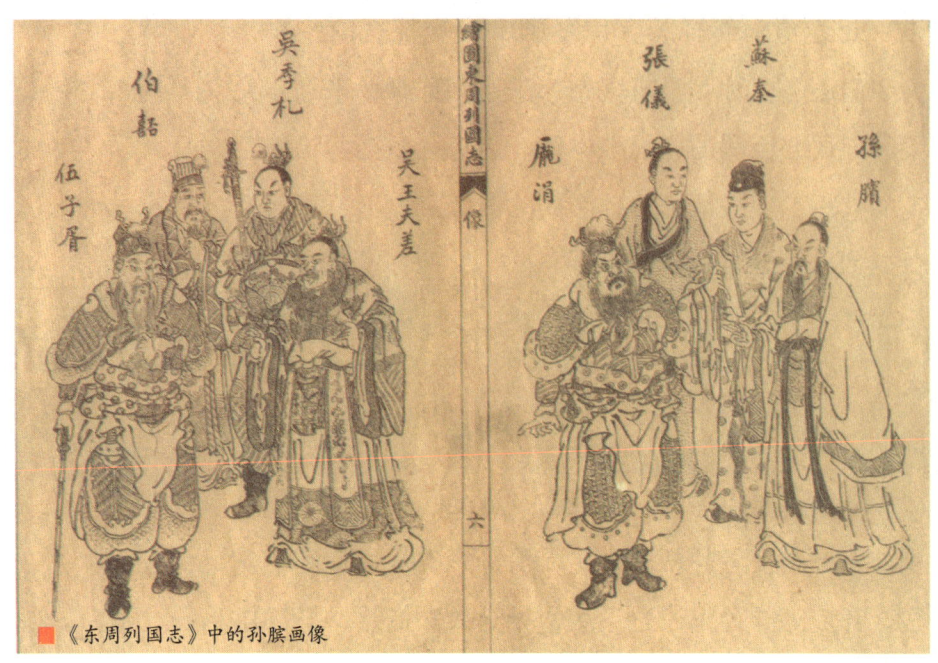

■ 《东周列国志》中的孙膑画像

王又派田忌为主将，孙膑为军师出兵援救韩国。魏惠王派太子申为上将，庞涓为将军，率兵10万迎击齐军。孙膑利用魏军轻视齐军和庞涓急切求胜的心理，故意避战示弱，逐日减少饭灶，示假隐真，引庞涓率兵进入道狭地险的马陵道，而事先，孙膑带领齐军已经做好伏击。

庞涓中计，齐军万箭齐发，魏军死伤无数，庞涓见大势已去，羞愤难堪，拔剑自刎。齐军乘胜猛攻，全歼了魏军。

马陵道大捷后，田忌功高盖主，受到了齐威王的猜忌，他解除了田忌大将军的职务。田忌率领少数亲信，逃难到了楚国，孙膑也从此悄然隐退。

隐退后的孙膑把心思都用在了对兵学的研究上，他总结了自己对兵学的思考，又将早年所学的兵法知识和自己的作战经验融入进去，最终完成了著作《孙膑兵法》。

《孙膑兵法》共16篇，它继承了《孙子兵法》等书的军事思想，总结了战国中期及其以前的战争经验，在战争观、军队建设和作战指导上都提出了若干有价值的观点和原则。

《孙膑兵法》强调了战争的重要性,明确主张"战胜而强立,故天下服矣",否则就会"削地而危社稷"。它用历史经验说明,用战争解决问题。这是符合当时七雄并立,全国渐趋统一的客观要求的。

在军队建设上,《孙膑兵法》认为首要的问题是"富国",只有"富国"才是"强兵"之急。关于强兵,它重视训练、法制和将帅条件。提出"兵之胜在于篡(选)卒,其勇在于制",即士兵要严格挑选,严格训练,有良好的组织编制,做到赏罚严明。

强调将帅不但要具备德、信、忠、敬等品质,还要善于掌握"破强敌,取猛将"的用兵之道。军事训练和战争中要重视人的作用,认为"间于天地之间,莫贵于人"。在作战指导上,强调要"知道",所谓"知道",就是"上知天之道,下知地之理,内得其民之心,外知敌之情,阵则知八阵之经"。

孙膑还概括出一套使用八阵作战的理论,"用阵三分,每阵有锋,每锋有后,皆待令而动。斗一守二,以一侵敌,以二收。"这就是说,用八阵作战,可以把兵力分为主力、先锋、后续部队三支。作

古代战争场景雕塑

战时只以三分之一的兵力迎敌，而以其他三分之二作为机动兵力蓄劲待敌。如果敌人弱而乱，就用精锐的部队击溃它；如果敌人强而严整，就用老弱士卒去引诱它，待它兵力分散以后，再行进攻。

强调创造有利的作战态势，未战之前要准备好了再打。既战之后要灵活用兵；己强敌弱时要"赞师"，就是要示弱以诱敌出战；敌强己弱时要"让威"，即先退一步，后发制人；势均力敌时要调动、分散敌人，然后集中兵力，"并卒而击之"；等等。

《孙膑兵法》具有独特的价值，无论是在广度还是在深度上，对《孙子兵法》和《吴子》都有极大的丰富和发展，二者前后相继，相映成辉。人们将其提出的一些兵学范畴作为重要命题加以探讨，并以其提出的用兵原则指导战争实践。

另外，军事理论家和统兵将领从其"围魏救赵""减灶诱敌"的战争实践中学到无穷的智慧，这种灵活机动的战略战术成为我国军事史上的典范。

阅读链接

孙膑受到齐威王的重用与齐国大将军田忌有很大的关系。齐国使者到大梁来，孙膑以刑徒的身份秘密拜见，劝说齐国使者。齐国使者觉得此人是个奇人，就偷偷地把他带回齐国。齐国将军田忌非常赏识孙膑，并且待其如上宾。

田忌经常与齐国众公子赛马，设重金赌注。孙膑发现他们的马脚力都差不多，马分为上、中、下三等，于是对田忌说："您只管下大赌注，我能让您取胜。"田忌相信并答应了他，与齐王和诸公子用千金来赌注。比赛即将开始，孙膑说："现在用您的下等马对付他们的上等马，拿您的上等马对付他们的中等马，拿您的中等马对付他们的下等马。"已经比了三场比赛，田忌一场败而两场胜，最终赢得齐王的千金赌注。于是田忌把孙膑推荐给了齐威王。

出谋划策 实战经验

在先秦兵法思想的启迪下,后世的兵法思想及其理论有了新的发展,它们继承了先秦兵学的优秀传统,又具有突出的时代特征,其内涵丰富,军事思想突出。

这一时期的军事理论在有关战争的诸多问题上,包括对于战争的基本态度,对战争目的和性质的分析、军事技术的创新和发展、战争与政治经济的关系、战争与民众的关系、战争与天时地利的关系、战争与主观指导等方面,都提出了简明扼要而又深刻的总结。这些兵学思想多通过著述兵书得以呈现和流传,兵书自然而然地也成为人们获取军事理论和兵学智谋的宝库。

黄石公赠张良《三略》

战国时期,韩国有一个家世显赫的张姓家族,张姓家族的代表人物张开地连任韩国三朝宰相,他的儿子张平继任他的位置,连任韩国二朝宰相,可是到了张平的儿子张良出生时,韩国已经渐渐衰落。公元前230年韩国被秦国兼并。

张良彩像

韩国的灭亡,使张良失去了继承祖业的机会,丧失了显赫荣耀的地位,张良怀着亡国亡家之恨,一心想报仇。他结交到一位大力士,一次他和这个大力士在秦王嬴政途经之地埋伏好,准备一举杀掉秦王。

但是天不遂人愿,刺杀

■ 黄石公向张良授书塑像

行动最后功亏一篑,大力士被秦王的侍卫杀死,而张良侥幸得以逃脱,从此改名换姓到处避难。

张良逃难到下邳,一天,他漫步来到一座叫沂水圯桥的桥头上,对面走过来一个衣衫破旧的老头。那老头走到张良身边时,忽然脱下脚上的破鞋子丢到桥下,对张良说:"去,把鞋子给我捡回来!"

张良感到又奇怪又生气,觉得老头是在侮辱自己,真想上去揍他几下。可是他又看到老头年岁很大,便只好忍着气下桥给老头捡回了鞋子。

谁知这老头得寸进尺,竟然把脚一伸,吩咐说:"给我穿上!"

张良更觉得奇怪,简直是莫名其妙。尽管张良已很有些生气,但他想了想,还是决定干脆帮忙就帮到底,因此跪下身来帮老头将鞋穿上。

老头穿好鞋,跺跺脚,哈哈笑着扬长而去。张良

宰相 我国古代最高行政长官通称。"宰"的意思是主宰,商朝时为管理家务和奴隶的官;周朝有执掌国政的太宰,也有掌管贵族家务的家宰、掌管一邑的邑宰。相,本义为相礼之人,字义有辅佐之意。辽代时始为正式官名。

■ 车马出行图

刘邦 （前256—前195年），汉朝开国皇帝，即汉高祖，沛郡丰邑中阳里人，同时，也是汉民族和汉文化伟大的开拓者之一，我国历史上杰出的政治家、卓越的战略家和指挥家。刘邦对汉族的发展，以及中国的统一和强大有突出贡献。

看着头也不回、连一声道谢都没有的老头的背影，正在纳闷儿，忽见老头转身又回来了。他对张良说："小伙子，我看你有深造的价值。这样吧，5天后的早上，你到这儿来等我。"张良深感玄妙，就诚恳地说："谢谢老先生，愿听先生指教。"

第五天一大早，张良就来到桥头，只见老头已经先在桥头等候。他见到张良，很生气地责备张良说："同老年人约会还迟到，这像什么话呢？"说完他就起身走了。走出几步，又回头对张良说："过5天早上再会吧。"

张良有些懊悔，可也只好等5天后再来。到了第五天，天刚蒙蒙亮，张良就来到了桥上，可没料到，老人又先他而到。

看见张良，老头这回还是声色俱厉地责骂道："为什么又迟到呢？实在是太不像话了！"说完，十分生气地一甩手就走了。走时依然丢下一句话："还是再过5天，你早早就来吧。"

张良惭愧不已。又过了5天，张良刚刚躺下睡了一会儿，还不到半夜，就摸黑赶到桥头，他不能再让老头生气了。

过了一会儿，老头来了，见张良已在桥头等候，他高兴地说："就应该这样啊！"然后，老头从怀中掏出一本书来，交给张良说："再过十年，天下将打仗，读了这部书，就可帮助君王治国平天下。过十三年，你将在济北谷城山下见到我的化身，黄石就是我。"说完，老头飘然而去，还没等张良回过神来，老头已没了踪影。

等到天亮，张良打开手中的书，他惊奇地发现自己得到的是一部兵书，名叫《三略》，这可是天下早已失传的极其珍贵的书呀，张良惊异不已。

从此后，张良捧着《三略》日夜攻读，勤奋钻研。后来他真的成了大军事家，做了刘邦的得力助手，为汉王朝的建立立下了卓著功勋，名噪一时，功盖天下。

13年后，张良来到济北谷城山下，没有见到这位老人，却见到一块黄石，他把黄石取回供奉起来。张良死后，与这块黄石葬在一起。

这位神龙不见首尾的神秘老人名叫黄石公，他赠送张良的天书是

楚汉战争场面

■ 楚汉战争复原图

一部兵法书，名叫《三略》。

相传，黄石公是秦始皇父亲的重臣，姓魏名辙。秦始皇父亲庄襄王死后，轮到秦始皇坐朝当政，他独断专行，推行暴政，忠言逆耳，听不进忠臣元老的意见。魏辙便辞官归隐。

秦始皇听说魏辙走了，想想一来自己还年轻，虽已登基，但立足未稳，身边需要人辅佐；二来魏辙是先皇老臣，如若走了会让天下人笑话自己无容人之量，于是就带亲信追着魏辙到骊山脚下。

见到魏辙后，秦始皇用好言好语千方百计挽留，但是魏辙决心已定，坚决不回去。后来，他就隐居在邠州西北黄山北麓的黄华洞中，因人们不知道他的真实姓名，就称他为黄石公。

黄石公虽然隐居，但内心一直还牵挂着黎民百姓，他把一生的知识与理想倾注在笔墨上。黄石公博

《素书》黄石公所著的一部谋略书，在我国谋略史上占据重要地位。《素书》仅有六章、一百三十二句、一千三百六十一字。书中语言高度概括，字字珠玑，句句名言。书中对人性的把握精准独到，对事物变化观察入微，对谋略点恰到好处。

学多才,他精通政治、经济、军事、权谋学问,神学和天文地理知识也相当丰富。

黄石公著的书有《内记敌法》《三略》3卷、《阴谋乘斗魁刚行军秘》1卷,此外还有《地镜八宅法》、《素书》等兵书战策。

书写好后,他就四处寻找合适人物,目的是委以重任,以实现他为国效力的意愿。恰巧在下邳沂水圯桥桥头偶遇张良,经过3次考验,他认为张良是一个可成大事的人,因此,他把兵书《三略》3卷赠送给了张良。而张良则依靠这部兵书建功立业,取得了事业的辉煌。

《三略》也叫《黄石公三略》,分为上、中、下3卷,是从《太公兵法》中推演而成,与《六韬》齐名,它侧重于从政治策略上阐明治国用兵的道理,是一部糅合了诸子百家的思想,而专论战略的兵书。

> **诸子** 指先秦至汉初的各派学者或其著作。据《汉书·艺文志》的记载,先秦至汉初的诸子数得上名字的一共有189家,4324篇著作。而《隋书·经籍志》《四库全书总目》等书则记载"诸子"实有上千家。但流传较广、影响较大、最为著名的不过几十家而已。

■ 楚汉战争复原图

《三略》大量引用古代兵书《军谶》《军势》中的内容来表达自己的思想，共引用了700余字，占全书的1/6还要多，为后人保留了这两部已佚兵书的部分精华。

《三略》的兵本思想，是古代军事思想史上的重大进步。它主张治国统军要根据具体情况的发展变化，柔、弱、刚、强四者兼施，巧妙运用。书中指出：柔能制刚，弱能制强的道理。

《三略》还认识到，人的主观认识是客观存在的反映，指出"端末未见，人莫能知"，并认识到事物都是发展变化的，注重灵活运用的重要性，提出战略战术的制定，要依据敌情的实际变化而不断修正，要因敌转化。

《三略》对后世有着深远的影响，其军事学术价值和谋略价值很高，由于揭示出了治国方略、用兵韬略的一些普遍规律，为我国历代军事家所推崇。

阅读链接

在民间传说中，黄石公为秦汉时人，很小时父母便双亡了，黄石公是跟着他的哥嫂长大的。

一天上午，黄石公独自吆喝着牲口去山坡上耕他家的一块山地。干了一气活儿后，便停下牲口歇息。黄石公抬头看到山顶一棵大树下有两人在下棋，便来到大树下看两人下棋。也许是下棋的两个道士精神太集中了，黄石公的到来未引起他们的注意。黄石公也默默地站到旁边看。两个道士一盘棋下完，起身看了黄石公一眼，也没和黄石公说什么，便扬长而去。黄石公回到村里，却发现情况都变了，他看到的人，没一个是他认识的，他的家也不存在了。通过询问村里的老人，黄石公终于知道时间已经过去了一百多年，黄石公就这样糊里糊涂地成了神仙。道教人士也把他纳入了神谱。

诸葛亮著《兵法二十四篇》

在徐州琅邪郡阳都县，诸葛氏算是当地的望族，诸葛丰曾在西汉元帝时做过司隶校尉，诸葛丰的儿子诸葛珪东汉末年做过泰山郡丞。

公元181年，诸葛珪的妻子产下一子，起名诸葛亮。诸葛亮似乎是个不平凡的人，3岁时，母亲章氏病逝，8岁时，父亲诸葛珪也离他而去。

诸葛亮与弟弟诸葛均一起跟随由大将军袁术任

诸葛亮画像

■ 三顾茅庐绘画

命为豫章太守的叔父诸葛玄到豫章赴任，后来东汉朝廷派朱皓取代了诸葛玄的职务，诸葛玄就去投奔了荆州牧刘表。

公元197年，诸葛玄病逝，诸葛亮和弟弟失去了生活的依靠，便移居南阳。

诸葛亮此时已16岁，平日好读《梁父吟》，又常以管仲、乐毅比拟自己，当时的人对他都不屑一顾，只有徐庶、崔州平等好友赞赏他的才干。

诸葛亮当时和好友徐庶拜当时的襄阳名士水镜先生司马徽为师，两人一起研读史籍，悉心理会其中的要义精髓。时光荏苒，诸葛亮与当时的襄阳名士庞德公、黄承彦等人结下了深厚情谊。

相传，有一次黄承彦对诸葛亮说："我家中有一丑女，头发黄、皮肤黑，但才华可与你相配。名叫黄月英，不知你可否愿意与她结为夫妻？"

不重容貌的诸葛亮答应了这桩亲事，决定迎娶这位有才华的丑女。当时人们都以此取乐，乡里甚至编了一句谚语："莫作孔明择妇，正得阿承丑女。"

再说西汉中山靖王刘胜的后人刘备心怀大志，有统一天下的志愿。有一次，司马徽与刘备会面时，他

谚语是熟语的一种，是流传于民间的比较生动而且言简意赅的话语。大多数反映了劳动人民的生活实践经验，而且一般都是经过口头传下来的。它多是口语形式的通俗易懂的短句或韵语，如"种瓜得瓜，种豆得豆"。

知道刘备将来是个成大事的人,也有招贤纳士之心,于是对刘备说:"那些儒生都是见识浅陋的人,岂会了解当今局势?能了解当今局势才是俊杰。我看只有诸葛亮、庞统可以担当此大任。"

刘备将此话放在心里,他找来徐庶,希望徐庶能引诸葛亮来见,但徐庶却建议:"这人可以去见,不可以令他屈就到此。将军宜屈尊以相访。"

刘备便亲自前往拜访,去了3次才见到诸葛亮。与诸葛亮相见后,刘备便叫其他人避开,对诸葛亮说道:"现今汉室衰败,奸臣假借皇帝的旨意做事,皇上失去大权。我没有衡量自己的德行与能力,想以大义重振天下,但智慧、谋略不足,所以时常失败,直至今日。不过我志向仍未平抑,先生有没有计谋可以帮助我?"

荆州 古称"江陵",是春秋战国时楚国都城所在地,位于湖北中南部,长江中游两岸,江汉平原腹地。荆州历史悠久,文化灿烂。建城历史悠久,是楚文化的发祥地和三国文化的中心。

■ 隆中对场景

■ 诸葛亮论三分天下雕塑

诸葛亮遂向他陈说了三分天下之计,分析了曹操不可取,孙权可作援的形势;又详述了荆、益二州的州牧懦弱,有机可乘,而且只有拥有此二州才可争胜天下;更向刘备讲述了攻打中原的战略。

刘备听后思路豁然开朗,他认定诸葛亮真是个可以平定天下的人才,他力邀诸葛亮相助,诸葛亮遂出山辅佐刘备。

诸葛亮出山辅佐刘备,使当时的局势为之大变,他联合孙权抗击曹操,在赤壁之战中大败曹军,形成了三国鼎足之势。诸葛亮又帮助刘备夺占荆州,还攻取了益州,再接着大败曹军,夺得汉中。

公元221年,刘备在四川成都建立蜀汉政权,诸葛亮被任命为丞相,主持蜀汉朝政。

公元223年,刘备离世,蜀汉后主刘禅继位,诸葛亮被封为武乡侯,负责处理日常事务。当时全国的大事小情都由诸葛亮决定。诸葛亮对外与东吴联盟,对内改善和西南各族的关系,施行屯田,加强战备。

刘禅(207—271年),蜀汉后主,字公嗣,又字升之。小名阿斗。刘备之子,母亲是昭烈皇后甘氏。三国时期蜀汉第二位皇帝,公元223年—263年在位。公元263年蜀汉被曹魏所灭,刘禅投降曹魏,被封为安乐公,后在洛阳去世。

227年，诸葛亮率军屯于汉中，前后六次北伐中原，但无功而返，229年，因积劳成疾，诸葛亮病逝于五丈原军中。

诸葛亮晚年将自己几十年来行军打仗、治国安邦的经验辑成一部兵书，即《诸葛亮兵法》，也称《兵法二十四篇》。

《兵法二十四篇》中记载了诸葛亮几十年来行军打仗、治国安邦的经验。在五丈原之战中，诸葛亮在死前曾将此书和造用"连弩"之法等毕生所学传授给了姜维，使姜维成为诸葛亮最有力的继承人。

《兵法二十四篇》原有24篇，分为视听第三、纳言第四、察疑第五、治人第六、举措第七、考黜第八、治军第九、赏罚第十、喜怒第十一、治乱第十二、教令第十三、斩断第十四、思虑第十五、阴察第十六、将苑之兵权篇、将苑之逐恶篇、将苑知人性篇、将苑之将才篇、将苑之将器篇、将苑之将弊篇。

> **五丈原** 古战场，位于陕西宝鸡岐山境内。五丈原南靠秦岭，北临渭水，东西皆深沟。三国时期，诸葛亮屯兵五丈原与曹魏统帅司马懿隔渭河对阵，后因积劳成疾病逝于五丈原，五丈原由此闻名于世。

■ 诸葛亮排兵

■ 诸葛亮观战

作为诸葛亮二十几年来军事实践、治国安邦的经验的集大成者，《兵法二十四篇》是军事战略与战术相结合的军事著作，这部兵书集中演绎了兵圣孙武的"兵者国之大事，上下同心；上兵伐谋，其次伐交"的军事思想，也有名将吴起"图国、励士、料敌"的具体战术。

此外，还有将领在军队中的地位、作用、品格和领兵作战时应该注意的问题等，堪称一本"将领圣经"。

阅读链接

在诸葛亮给后主刘禅上疏的奏章中，以《出师表》为代表，《前出师表》写于建兴五年，当时，蜀汉已从刘备殂亡的震荡中恢复过来，蜀汉外结孙吴，内定南中，励精图治，兵精粮足。诸葛亮认为已有能力北伐中原，实现刘备匡复汉室的夙愿，他遂给刘禅献上了这张表。表文表达了自己审慎勤恳、以伐魏兴汉为己任的忠贞之志和诲诫后主不忘先帝遗愿的孜孜之意，情感真挚，文笔酣畅。

《后出师表》写于建兴六年诸葛亮二次伐魏前。此表向后主阐明北伐不仅是为实现先帝的遗愿，也是为了蜀汉的生死存亡，不能因"议者"的不同看法而有所动摇。表中充溢着强烈的贞烈之气。

集群书而撰《三十六计》

三十六计又称"三十六策",是指古代三十六个兵法策略,"三十六计"一语源于南朝宋将檀道济。《南齐书·王敬则传》这样记载:

檀道济像

檀公三十六策,走为上计,汝父子唯应急走耳。

大致意思是败局已定,无可挽回,唯有退却,方是上策。

南朝宋时期,檀道济出生于京口一个贫寒家庭。雪上加霜的是,在檀

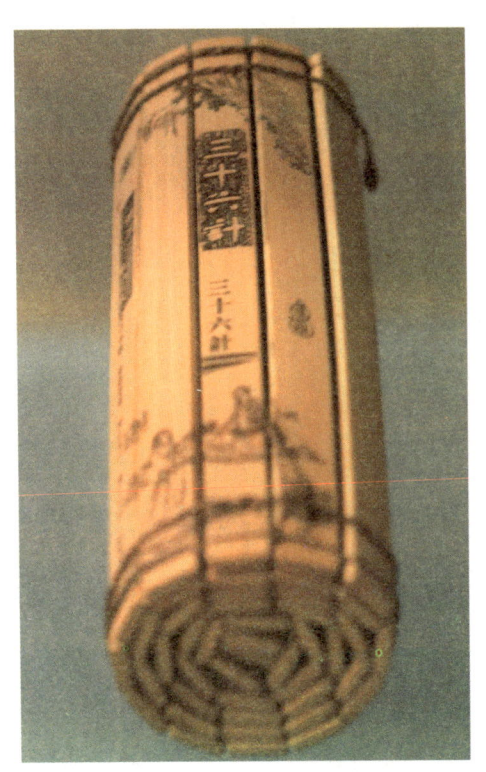

■ 竹简书《三十六计》

道济很小的时候，父母就先后离世，他跟着哥哥和姐姐长大，哥哥和姐姐对他很好，他也和哥哥姐姐相处得非常好。

在颠沛流离中，檀道济终于长大成人，长大后的檀道济文武双全。宋武帝刘裕创业之初，檀道济成为刘裕的建武将军参军事、转授征西将军参军事。后因战功赫赫，被授官为辅国参军、南阳太守。又因为帮助刘裕扩大势力建有功勋，被封为吴兴县五等侯。

檀道济是个宅心仁厚之人，公元416年，刘裕北伐，檀道济被封为冠军将军，担任先锋从淮河、淝水出发，所到各城都纷纷投降。攻克许昌时，俘获后秦宁朔将军、颍州主守姚坦，以及大将杨业。

利用军威大振之机，檀道济率军急行，一路上，大军势如破竹，攻下阳城、荥阳、下皋等城池，最后会同其他部队，四面环攻洛阳。洛阳守将姚洗孤军难守，只得开城门率4000兵卒出降。

对这些俘虏，有些将领纷纷主张杀掉，以壮军威，但檀道济却不同意，他说："王师北征是为了惩罚有罪之人，怎能枉杀？"他下令将俘虏全部放掉，让他们回归乡里，并告诫晋军入城后要严明纪律，不得扰民。

刘裕（363—422年），字德舆，小名寄奴，祖籍彭城绥舆里。南北朝时期的政治家、改革家、军事家，是刘宋开国之君。刘裕曾两度北伐，收复洛阳、长安等地，功勋卓著。

宋文帝统治时期，北魏侵入宋的北部边界，相继攻下洛阳、虎牢等地。为解除北魏对宋的威胁，公元403年，宋文帝命檀道济统军北伐。宋军先锋进军河南，收复洛阳、虎牢等地。但很快，北魏太武帝亲自率军反击，击溃了宋军，刘宋前线部队一片混乱，很多地方纷纷失守，退驻滑台。

第二年一月，檀道济率师前往救援滑台，在军队到达山东寿张附近时，遇到了魏军。檀道济领军奋勇作战，大破魏军，并乘胜北进，20天后，大军进抵山东历城。魏大将叔孙建一面督军正面迎击，一面派轻骑绕到檀道济军队的后面，成功焚烧了宋军的粮草。

檀道济的将士虽然英勇善战，但是被魏军来了个釜底抽薪，断了军粮，这样很难维持下去。檀道济准备从历城退兵。

宋军中有一些兵士逃到魏营投降。他们把宋军缺粮的情况告诉了北魏的将领。北魏统帅叔孙建派出大军把已经拔营正在退却的宋军围困起来。

宋军将士看到大批魏军围上来，都有点害怕，有的兵士偷偷逃跑了。檀道济临危不乱，他不慌不忙地命令将士就地扎营休息。

当天晚上，宋军军营里灯火通明。檀道济亲自带领一批管粮的兵士在一个营寨里查点粮食。

其中有些兵士拿着竹筹唱着计数，

洛阳 又称雒阳、雒邑，我国四大古都之一，有东周、东汉、曹魏、西晋、北魏等朝代在此定都，有"十三朝古都"之称。洛阳位于洛水之北，水之北乃谓"阳"，故名洛阳。洛阳地处中原，境内山川纵横，有"山河拱戴，形势甲于天下"之说，是中华文明和中华民族的主要发源地之一。

■ 北魏青釉武士俑

■ 蜡像《定都盛乐》

竹筹 也称算筹，古代一种计算用具，是一根根同样长短和粗细的小棍子，一般长为13厘米至14厘米，径粗0.2厘米至0.3厘米，多用竹子制成，也有用木头、兽骨、象牙、金属等材料制成的，大约二百七十枚为一束，放在一个布袋里，系在腰部随身携带。需要记数和计算的时候，就把它们取出来。

还有兵士用斗子在量米。其实檀道济在营里量的并不是白米，而是一斗斗的沙土，只是在沙土上覆盖着少量白米罢了。

北魏的探子偷偷地向营里窥探，他们见到一只只米袋里面都是雪白的大米。他们马上把这个消息报告给魏军将领，说檀道济营里军粮还绰绰有余，要想跟粮草充足的檀道济决战，只怕是胜少败多。

魏将信以为真，以为前面来告密的宋兵是假投降，来诱骗他们上当的，就把投降的宋兵全部杀了。

天色发白的时候，檀道济命令将士戴盔披甲，自己穿着便服，乘着一辆马车，大模大样地沿着大路向南转移。

魏将安颉等人被檀道济打败过多次，本来对宋军就有点害怕，再看到宋军从容不迫地撤退，不知道他们在哪儿埋伏了多少人马，不敢追赶。

就这样，檀道济靠他的镇静和智谋，保全了宋军，使宋军安全地回师。以后，北魏也没敢轻易进攻宋朝。

此次北伐，檀道济虽然没有取得完全胜利，但在四面遇敌、军粮已断的危急情况下，镇定自若，全军而返，也是难能可贵的。这也是"三十六计，走为上策"的具体体现。

"檀公三十六策，走为上计"，此语后人竞相沿用，最后演变成了"三十六计，走为上计"。明末清初，引用"三十六计，走为上计"的人越来越多，于是有人采集群书，编撰成《三十六计》。

《三十六计》是根据古代卓越的军事思想和丰富的斗争经验总结而成的兵书，书中多处引证了宋代以前的战例和孙武、吴起、尉缭等兵家的精辟语句。

《三十六计》以《易经》为依据，根据研究其中的阴阳变化，推演出一套适用于兵法中的刚柔、奇正、攻防、主客、劳逸等对立统一的规律。全书共36计，引用《易经》27处，涉及64卦中的22个卦。原书按计名排列，共分六套，即胜战计、敌战计、攻战计、混战计、并战计、败战计。

前3套是处于优势所用之计，后3套是处于劣势所用之计。每套各包含6计，总共36计。

三十六计的第一套"胜战计"包括：瞒天过海、围魏救赵、借刀杀

北魏陶武士俑

人、以逸待劳、趁火打劫、声东击西。

第二套"敌战计"包括：无中生有、暗度陈仓、隔岸观火、笑里藏刀、李代桃僵、顺手牵羊。

第三套"攻战计"包括：打草惊蛇、借尸还魂、调虎离山、欲擒故纵、抛砖引玉、擒贼擒王。

第四套"混战计"包括：釜底抽薪、浑水摸鱼、金蝉脱壳、关门捉贼、远交近攻、假道伐虢。

第五套"并战计"包括：偷梁换柱、指桑骂槐、假痴不癫、上屋抽梯、树上开花、反客为主。

第六套"败战计"包括：美人计、空城计、反间计、苦肉计、连环计、走为上计。

釜 我国古代一种盛放食物的器物，圆底而无足，必须安置在炉灶之上或是以其他物体支撑煮物。釜口也是圆形，可以直接用来煮、炖、煎、炒等，通常可视为锅的前身。

■ 空城计

这些计策有些来源于历史典故，有些来源于古代军事术语，有的来源于古诗句，有的借用成语。

其中每计的解说，由攻防、彼己、虚实、主客等对立转化的思想推演而成，含有朴素的古代军事辩证法，体现了极强的辩证哲理，蕴含着丰富的智慧，精练概括了历代智慧谋略的精华，是古代兵家计谋的总结和军事谋略学的体现。

比如，"瞒天过海"的计策就是故意一而再、再而三地用伪装的手段迷惑、欺骗对方，使对方放松戒备，然后突然行动，从而达到取胜的目的。

再如，"围魏救赵"是指当敌人实力强大时，要避免和强敌正面决战，应该采取迂回战术，迫使敌人分散兵力，然后抓住敌人的薄弱

欲擒故纵之诸葛亮七擒孟获

环节发动攻击,致敌于死地。

《三十六计》集历代"韬略""诡道"之大成,被兵家广为援用。《三十六计》中的很多内容广为吟诵,妇孺皆知,以其通用性和实用性,被广泛应用于社会、军事、商业以及人生的各个方面,为其他兵书所望尘莫及。

阅读链接

《三十六计》是古代兵家计谋的总结和军事谋略学的宝贵遗产,为便于人们熟记这三十六条妙计,有位学者在《三十六计》中每取一字,依序组成一首诗:金玉檀公策,借以擒劫贼,鱼蛇海间笑,羊虎桃桑隔,树暗走痴故,釜空苦远客,屋梁有美尸,击魏连伐虢。

全诗除了檀公策外,每字包含了三十六计中的一计,依序为:金蝉脱壳、抛砖引玉、借刀杀人、以逸待劳、擒贼擒王、趁火打劫、关门捉贼、浑水摸鱼、打草惊蛇、瞒天过海、反间计、笑里藏刀、顺手牵羊、调虎离山、李代桃僵、指桑骂槐、隔岸观火、树上开花、暗度陈仓、走为上计、假痴不癫、欲擒故纵、釜底抽薪、空城计、苦肉计、远交近攻、反客为主、上屋抽梯、偷梁换柱、无中生有、美人计、借尸还魂、声东击西、围魏救赵、连环计、假道伐虢。

李靖著《李卫公问对》

公元571年，李靖出生于一个官宦人家。他的祖父李崇义曾任殷州刺史，后封永康公。他的父亲李诠曾担任隋朝的赵郡太守。李靖长得仪表魁伟，一表人才。

受家庭的熏陶，李靖从小就很有"文武才略"，又颇有进取之心，一次，他对父亲说："大丈夫如果遇到圣明的君主和时代，应当建立功业求取富贵。"他的舅父韩擒虎是隋朝名将，每次与他谈论兵事，无不拍手称绝，并抚摩着他说："可与之讨论孙、吴之术的人，只有你啊。"那时，李靖只有20岁。

隋文帝后期，李靖开始进入

李靖彩像

■ 唐高祖李渊画像

仕途,先任长安县功曹,后历任殿内直长、驾部员外郎。他的官职虽然卑微,但其才干却闻名于隋朝公卿之中,吏部尚书牛弘称赞他有"王佐之才",左仆射杨素也抚着坐床对他说:"你终当坐到这个位置!"

公元605年至617年,李靖任马邑郡丞,受太原留守李渊统辖。这时,由于隋炀帝的残暴统治,各地的反隋运动风起云涌。李渊也在太原起兵,并迅速攻占了长安。

李渊的儿子李世民非常赏识李靖的军事才能和过人的胆气,他说服李靖加入他的幕府,成为他的得力干将。

公元618年5月,李渊在长安称帝,建立唐朝,李世民被封为秦王。公元620年,李靖跟着秦王李世民东进,平定在洛阳称帝的王世充。在平定过程中,李靖表现出了卓越的军事才能,立下了赫赫战功,最后以军功授任开府。从此,李靖开始崭露头角。

盘踞在湖北江陵的梁王萧铣在李世民和李靖与王世充交战时,派军队溯江而上,企图攻取唐朝湖北宜昌峡州、巴、蜀等地,没想到却被陕州刺史许绍击退。

为了削平萧铣这一割据势力,李渊调李靖赴夔州

尚书 我国古代官名,六部中各部的最高级长官,设置于秦朝,汉朝沿置。本为少府的属官,掌管文书及群臣章奏。汉武帝时由宦官担任,汉成帝改用士人。东汉政务归尚书,尚书令成为对君主负责总揽一切政令的首脑。魏晋以后,事实上即为宰相之任。

平定萧铣。李靖奉命率数骑赴任，在途经陕西金州时，遭遇邓世洛率数万人屯居山谷间抗衡。庐江王李瑗率兵进攻，却遭到了惨败。

李靖积极为庐江王李瑗出谋划策，一举击败了蛮兵，并且俘虏很多士兵。李靖率兵顺利通过金州，抵达陕州。这时，由于萧铣控制着险塞，李靖再次受阻，迟迟不能前进。在陕州刺史许绍的帮助下，李靖的部队得以进抵夔州。

李靖的部队开进夔州没多久，夔州就遭到了开州蛮人冉肇则率众进犯。李靖率800士兵袭击冉肇则营垒，将进犯的蛮兵打得大败。李靖又在险要处布下伏兵，一战而杀死冉肇则，俘获了5000多人。

当捷报传到京师时，唐高祖李渊立即颁下玺书，慰劳李靖说："卿竭诚尽力，功绩特别卓著。天长日久才发现卿无限忠诚，给你嘉奖赏赐，卿不必担心功名利禄了。"

公元621年正月，李靖鉴于敌我双方的情势，向李渊上陈了攻灭萧铣的十项计策，李渊高度赞扬了这十条计策。李靖组织人力和物力大造舟舰，组织士卒练习水战，做好下江陵的准备。

这年八月，李靖调集军队聚集于夔州。这时，适值秋天雨季，江水暴涨，流经三峡的江水咆哮狂奔而下，响声震撼峡谷。萧铣望着滔滔江水，哈哈大笑，他以为水势汹涌，三峡路险难行，唐军不能东下，于是没有令士兵防备。

李靖的手下也大都望着滔滔的洪水而心生畏惧，他们建议李靖等洪水退后再进兵。李靖力排众议，大声说："兵

唐三彩武士俑

■ 战袍仪卫图

贵神速,机不可失。如今军队刚刚集结,萧铣还不知道,如果我们乘江水猛涨出师,顺流东下,突然出现在江陵城下,正是所说的迅雷不及掩耳,这是兵家上策。纵然萧铣得知我将出师的消息,仓促调集军队,也无法应战,这样擒获萧铣定可一举成功。"

李靖毅然下令军队渡水进击,载满将士的几千艘战船沿着三峡,冲破惊涛骇浪,顺流东进。萧铣毫无防备,等发现情况不妙时,李靖大军已经兵临城下,无奈打开城门投降。

公元623年7月,原投降唐朝的起义军将领杜伏威、辅公祏二人不和,辅公祏乘杜伏威入朝之际,占据丹阳,举兵反唐。李渊命李孝恭为帅,李靖为副帅,率李勣等七总管东下讨伐。

辅公祏派大将冯惠亮率3万水师驻守当涂,陈正道率2万步骑驻守青林,从梁山用铁索横亘长江,以

江陵 又名荆州城,位于湖北省中部偏南,地处长江中游,江汉平原西部,南临长江,北依汉水,西控巴蜀,南通湘粤,古称"七省通衢"。江陵的前身为楚国国都"郢",从春秋战国到五代十国,先后有34代帝王在此建都,历时515年。自汉朝起,江陵城长期作为荆州的治所而存在,故常以"荆州"专称江陵。

阻断水路。同时，筑造建月城，绵延十余里，以为掎角之势。

李靖精辟地分析了敌我双方的形势，他对众人说："如果我军直奔丹阳，旬月之间都不能攻下而滞留在那里，前面的辅公祏没有平定，后边的冯惠亮也是一大隐患，这样我们就会腹背受敌。而如果我们进攻冯惠亮、陈正通的城栅，就可以打他个出其不意，消灭敌贼的机会，就在此一举。"

李靖运筹帷幄，判断准确，很快地平定了辅公祏的反叛。李渊十分钦佩李靖的军事才干，赞叹说："李靖乃萧铣、辅公祏的膏肓之病，古代名将韩信、白起、霍去病，没有一个能比得上李靖！"

公元629年，李靖又辅佐唐太宗李世民击败了北部突厥的进犯。回朝后，太宗擢任李靖为刑部尚书，不久转任兵部尚书。之后，李靖又取得了进攻吐谷浑之战的胜利。李世民又进封他为卫国公。

李靖用兵具有"临机果，料敌明"的特点，每次

韩信（前231—前196年），江苏淮阴人，西汉开国功臣，我国历史上杰出的军事家，与萧何、张良并列为"汉初三杰"。作为统帅，在楚汉战争中，韩信发挥了卓越的军事才能，帮助刘邦取得了天下，被拜为相国。

■ 唐朝士兵俑

唐代兵器

统兵出征，都能根据敌我双方的各种条件，制订周密的作战计划，进行全面的部署，作战时都能以谋略取胜，而且每次作战谋略都各有不同。

在李靖的戎马生涯中，他指挥了几次大的战役，均取得了重大的胜利，这不仅是因为他勇敢善战，更因为他有着卓越的军事思想与理论。李靖根据一生的实践经验，写出了优秀的军事著作，《李卫公问对》虽然不是他亲笔所作，却是他兵法理论的结晶。

《李卫公问对》是以李世民和李靖问答的形式编著的。李世民雄才大略，智勇双全，精于战法，善于出奇制胜，每当临战总是身先士卒，统军驭将，恩威并用。他的用兵之道，在《李卫公问对》有所记载，李靖则是《李卫公问对》的答卷人。

《李卫公问对》共分3卷，共10300余字。全书涉及的军事问题广泛，既有对历代战争经验的总结和评述，又有对古代兵法的诠释和发挥。既讲训练，又讲作战。既讨论治军，又讨论用人。既有对古代军制的追述，又有对兵学源流的考辨，但内容主要是讲训练和作战，以及两者间的关系,中心围绕着奇、正论述问题。

上卷主要论述奇正、阵法、兵法和军队编制等问题。奇、正是我国古代军事理论中常用的概念。自黄帝以来的兵法都主张先正后奇。《孙子兵法》中说:"凡战者,以正合,以奇胜。"又说"战势不过奇正,奇正之变,不可胜穷也"。此卷还对天、地、风、云、龙、虎、鸟、蛇八阵的名称提出了新的解释。

中卷主要论述如何戍守北边、训练军队、择人任势、增强部队的战斗力和排列营阵诸问题。

《李卫公问对》发展了《孙子兵法》中关于虚实的思想。虚通常指劣势和弱点,实则指优势和强点。要识别虚实,必须先懂得奇正相生的方法。不懂得以奇为正,以正为奇,就不会了解虚是实,实又是虚。

懂得了奇正相生,就可以采取主动,用这一方法来调动敌军,从而摸透敌军的虚实,然后用正兵对抗敌军的坚实之处,出奇兵攻击敌军的虚弱之处。

下卷主要论述重刑峻法与胜负的关系,以及义利、主客、步兵对抗车骑、分合、攻守、阴阳术数、临阵交战和对兵法的理解等问题。

唐代刀车

此卷强调用兵应处理好义和利的关系。要铲除大患，就不能顾虑小义。主客是既对立又统一的辩证关系，只有因时制宜，善于反客为主，变主为客，才能屡战屡胜。

此卷对攻守的论述是相当精辟的。它指出，进攻是防守的枢纽，防守是进攻的策略。进攻不仅仅是进攻敌城、敌阵，还必须攻敌之心。防守不只是守卫营阵壁垒，还必须保持我军的士气，等待战胜敌人时机的到来。

此外还指出，阴阳术数不可信，功成业就，事在人为。但同时，它又认为阴阳术数是不可废除的。

《李卫公问对》继承和发展了自《孙子兵法》以来的军事思想，提出了一些独特的见解，发展了前人的一些光辉思想，自成一家之说，具有重要的学术价值。

阅读链接

李靖用兵高瞻远瞩，而且讲究仁义。当李靖率领唐军逼迫萧铣投降唐军后，李靖率军进入城内。李靖的部下都以为萧铣的大将抗拒官军，罪大恶极，建议籍没其家财产，用以犒赏官军将士。没想到李靖立即出面劝止，晓以大义，说："王者之师，应保持抚慰人民，讨伐罪恶的节义。百姓已经饱受战乱之苦，抵抗作战难道是他们的愿望？为萧铣战死的人，死为其主，不能与叛逆者同等看待，这就是蒯通之所以在高祖面前免除死罪的原因啊。现在刚平定荆州、江陵，应当采取宽大的政策，来抚慰远近的民心，投降了我们反而还要没收他们的家产，恐怕不是救焚拯溺的道义。只怕从此其他城镇的敌将，拼死抵抗而不降，这不是好的决策。"

李靖的这一做法颇得人心，其他州郡纷纷望风归附。萧铣投降几天之后，有十几万援军相继赶到，听说萧铣已经投降，李靖的政策宽大，也都放下兵器不战而降。

决胜之道

用兵之计

明清时期属于多事之秋,战乱不断,也由于此,兵学兴盛。明朝初年,朝廷十分重视武备,对兵学资料进行搜集整理,曾下令"求四方遗书,设秘书监",兵部还曾奉命将武经七书发给武职官员学习。清朝虽然对兵书查禁较严,但兵学亦有所发展。

总体来看,明清时期的兵学是在复杂斗争中曲折前进的。为了适应客观需要,军事理论家和兵学家根据社会生产力的发展,对军事理论和军事装备也提出了全新的要求。守城保寨的思想和开拓进取的思想掺杂其中,兵学谋略也表现出与时俱进的特色,折射出了那个时代应有的智慧之光。

刘基传奇著《百战奇略》

1311年7月，一个男孩降生于浙江青田县南田乡一家农户，男孩被取名为刘基。小刘基自幼聪慧过人，而且十分好学。他读书的速度极快，据说可以一目七行。12岁时便考中了秀才，乡间父老都称他为"神童"。

1324年，14岁的刘基进入郡庠读书。读书时，他跟老师学《春秋》。这是一部晦涩深奥、言简意赅的儒家经典，很难读懂，尤其初学童生一般只是捧书诵读，不解其意。

但是刘基却不同，他不仅默读两遍便能背诵如流，而且还能根据文义，发微阐幽，言前人所未言。老师大为惊讶，

刘基画像

■ 明朝士兵

以为他曾经读过,便又试了其他几段文字,刘基都能过目而识其要。老师十分佩服,暗中称道:"真是奇才,将来一定不是个平常之辈!"

1327年,刘基进入郡庠的第三年就离开了那里,跟随处州名士郑复初学程朱理学,接受儒家经世致用的教育。刘基的过人聪慧又有一次打动了老师。郑复初在一次拜访中对刘基的父亲赞扬说:"您的祖先积德深厚,庇荫了后代子孙。这个孩子如此出众,将来一定能光大你家的门楣。"

刘基博览群书,诸子百家无一不览,尤其对天文地理、兵法数学有特殊爱好,潜心钻研揣摩,很快就十分精通。

有一次,他探访程朱理学发端之地徽州,得知歙县南乡的六甲覆船山有一本《六甲天书》,便秘密地前往覆船山探秘,他在这里发现了一本叫《奇门遁甲》的书。

秀才 原本指称才能秀异之士,是一种泛称,并不限于饱读经书之人。及至汉晋南北朝时,秀才变成荐举人才的科目之一。唐初科举考试科目繁多,秀才只是其中一科,不久即废除。与此同时,秀才也习惯性地成了读书人的通称。

■ 朱元璋带兵打仗

这本书使他掌握了丰富的奇门斗数知识。刘基更为有名了，家乡的人都把他和三国时蜀国丞相诸葛亮和唐朝名相魏徵相比，都说他有孔明和魏徵之才。

1333年，23岁的刘基赴元大都参加会试，一举考中进士。1336年，刘基被朝廷授为江西高安县丞。在任上，他勤于职守，执法严明，很快就做出了政绩，因此受到当地百姓的爱戴。

此后，刘基陆续担任了大大小小的官，后来由于受小人的排挤，刘基对当官失去了兴趣，遂辞官隐居起来，过起了惬意的世外桃源生活。

元朝末年，反抗元朝统治的运动风起云涌，在众多的起义队伍中，以朱元璋为首的起义队伍势力很大，并且受到人们的拥护。刘基顺应时势，辅佐朱元璋推翻了元朝的统治，建立了大明朝，为建立新王朝立下了汗马功劳。朱元璋多次称刘基为"吾

会试 金、元、明、清四代科举考试名目之一。所谓会试者，共会一处，比试科艺。由礼部主持，在京师举行考试。应考者为各省的举人及国子监监生，录取者称为"贡士"，第一名称为"会元"。

之子房也"。

刘基极富文才武略,他上知天文,下知地理,前知八百年,后知五百载,以神机妙算、运筹帷幄著称于世,他有极高的文采,写有很多有名的文章,著作有《郁离子》《写情集》《春秋明经》等。

在军事方面,传奇兵法著作《百战奇略》出自他手。《百战奇略》是一部兵学奇书,它不仅继承了我国古代军事思想的精华,而且对某些问题有一定启发。比如,关于速战速决和持久防御的作战原则问题,《百战奇略》认为,在我强敌弱、我众敌寡,胜利确有把握的情况下,对来犯之敌,要采取速战速决的进攻战。但在敌强我弱、敌众我寡,胜利无把握的情况下,则应采取持久疲敌的防御战。

这种能够根据敌我力量对比的实际,视不同情况采取不同作战原则的指导思想,相比《孙子兵法》单纯强调的"兵闻拙速,未睹巧之久"的速胜论主张,无论在认识上,还是在实践上,都有所发展。

《百战奇略》不仅继承和发展了古代的军事思想,而且搜集和存录了大量古代战争战例资料。在一百多种战例中,规模较大、影响较

明代士兵雕塑

■ 明代军阵雕塑

齐鲁 既是一种文化概念,也是一种地域概念。战国末年,随着民族融合和人文同化的基本完成,齐、鲁两国文化也逐渐融合为一体。公元前256年,鲁国被楚国所灭,公元前221年齐国为秦国所灭。因为文化的一体,"齐鲁"形成一个统一的文化圈,由统一的文化圈形成了"齐鲁"的地域概念。

深、特点鲜明的战例有:齐鲁长勺之战、泓水之战、城濮之战、笠泽之战、马陵之战、辽东之战、漠南之战等。

军事上的许多矛盾现象都是相反相成的,《百战奇略》从强与弱、众与寡、虚与实、进与退、攻与守、胜与败、安与危、奇与正、分与合、爱与威、赏与罚、主与客、劳与逸、缓与速、利与害、轻与重、生与死、饱与饥、远与近、整与乱、易与难等正反两方面,提出在不同情况下,要采取不同的作战原则和作战方法。

《百战奇略》从战争千变万化这一客观实际出发,已经触及矛盾的双方既相互依存,又在一定条件下相互转化的规律。例如,它在对"胜与败"这对矛盾现象的对比分析中,已经认识到胜利中潜藏着失败的种子，失败中包含胜利的因素，胜与败将在一定的条件下相互转化的规律性。

《百战奇略》进一步认为，打了胜仗之后"不可骄惰，当日夜严备以待之"，如果"恃己胜而放佚"，就会反胜为败。

《百战奇略》还认识到，转败为胜的条件，就是接受教训，认真备战和具有正确的作战指导。

《百战奇略》认为，"众与寡"这对矛盾的双方，在一定的条件下也是相互转化的。它指出，在敌众我寡的形势下作战，只要我充分发挥主观能动作用，实施正确的作战指导，采取"设虚形以分其势"的"示形惑敌"战法，就可以使敌人兵力分散，创造有利于己的态势。

在对"生与死"这对矛盾的分析中，《百战奇略》认为，对敌作战中，如果"临阵畏怯，欲要生，反为所杀"。意思是说，作战中如果贪生怕死，就有失败被杀的危险。

反之，如果能够"绝去其生虑，则必胜"。意思是说，作战中如

明代作战场景

明皇宫士兵蜡像

果抱定必死决心而战，就一定能获得胜利而生存。

可见，《百战奇略》已经认识到，生与死在一定的条件下也是相互转化的。贪生怕死，是由生存向死亡转化的条件；而英勇奋战，则是由死亡向生存转化的条件。这无疑是符合辩证观点的正确结论。

《百战奇略》共10卷，卷一分：计战、谋战、间战、选战、步战、骑战、舟战、车战、信战、教战；卷二分：众战、寡战、爱战、威战、赏战、罚战、主战、客战、强战、弱战。

卷三分：骄战、交战、形战、势战、昼战、夜战、备战、粮战、导战、知战；卷四分：斥战、泽战、地战、山战、谷战、攻战、守战、先战、后战。

卷五分：奇战、正战、虚战、实战、轻战、重战、利战、害战、安战、危战；卷六分：死战、生战、饥战、饱战、劳战、逸战、胜战、败战、进战、退战。

卷七分：挑战、致战、远战、近战、水战、火战、缓战、速战、整战、乱战；卷八分：分战、合战、怒战、气战、逐战、归战、不战、必战、避战、围战。

卷九分：声战、和战、受战、降战、天战、人战、难战、易战、离战、饵战；卷十分：疑战、穷战、风战、雪战、养战、畏战、书战、变战、好战、忘战。

《百战奇略》是一部以论述作战原则和作战方法为主旨的古代军事理论专著，在古代军事思想和军事学术发展中占据着重要位置，从其产生以来，就为兵家所重视和推崇，给予很高评价，并一再刊行，广为流传。

后代军事理论家对《百战奇略》都赞誉有加，称该书是"极用兵之妙，在兵家视之，若无余策"。认为只要"握兵者平时能熟于心，若将有事而精神筹度之，及夫临敌，又能相机而应之以变通之术"，那就可成凯奏之功。

阅读链接

《百战奇略》与《武经七书》，特别是与《孙子兵法》有紧密的渊源关系。该书所援引的百条古代兵法，有八十七条出自宋神宗元丰三年，即1080年朝廷颁定的《武经七书》，而其中引自《武经七书》之首《孙子兵法》的达六十条之多，占全书所引古代兵法总条数的百分之六十，占所引《武经七书》条数的百分之六十九。可见，说《百战奇略》"以《孙子兵法》为经"，是符合实际情况的。

由此还可以进一步看出，《百战奇略》"以《孙子兵法》为经"的著述目的在于讲解以《孙子兵法》为首的《武经七书》兵家经典，但是，《百战奇略》的可贵之处，不仅在于它"以《孙子兵法》为经"而继承了孙子思想，而且在于它对孙子兵法思想具有某些发展。

唐顺之博采而撰《武编》

1507年,唐顺之出生在江苏常州青果巷的一个名门望族,祖父唐贵是进士出身,任户部给事中,父亲唐宝也是进士出身,任河南信阳与湖南永州府知府。

唐顺之画像

唐顺之很小的时候,就受到了父亲和母亲对他的严加管教,写字如不端正就会挨打。如果出去玩儿回家晚了,母亲也会时常责备他。

唐顺之是个很贪玩,但天生聪明,并且极具个性又特立独行的人。同喜欢玩耍一样,唐顺之也十分喜欢读书。父母望子成龙,给唐顺之找来了名师为其辅导。

时间如梭，转眼间，唐顺之23岁了。这一年，唐顺之参加了每三年在京城举办一次的会试，会试的结果令他和家人都倍感骄傲，十分兴奋。在这次会试中唐顺之荣登榜首。

这次会试的主考官是当朝礼部尚书兼文渊阁大学士张璁，他看了唐顺之的文章十分欣赏，为朝廷能搜罗到唐顺之这样的人才感到十分高兴，他想利用他的权力提拔唐顺之到翰林院为官。

可是令他没有想到的是这个初入仕途的读书人，在官场面前显得十分谨慎，他婉言谢绝了张璁的知遇与栽培，按部就班地去兵部任职。这令张璁感到十分扫兴。

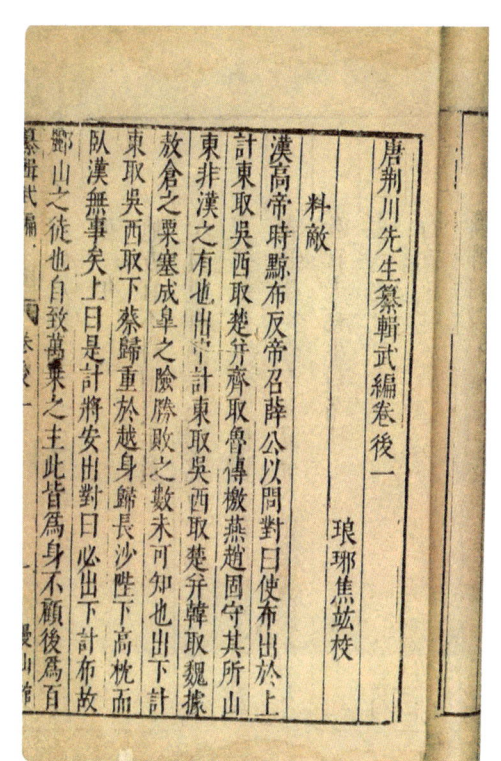

■《武编》书影

1533年，唐顺之被调入翰林院任编修。因与主管官员张璁性格不合，便以生病为由，请假回家。张璁开始没有准许，这时有人私下告诉张璁："唐顺之一直不愿在你的手下做事，一直要疏远你，你又何必苦留他！"张璁一怒之下准其还乡，并表示永不再让他当官。

唐顺之虽然离开官场，但作为一个有责任感的知识分子，他决心退下来潜心读书，以便在国家需要时再出来贡献自己的力量。

唐顺之隐居后，闭门谢客，把时间和精力都用在

户部 我国古代掌管户籍财经的机关，六部之一，六部为吏、户、礼、兵、刑、工部。户部起源于周代官制中的的地官。户部的长官称为户部尚书，曾称地官、大司徒、计相、大司农等。

■ 福建沿岸居民共同抗倭

钻研《六经》《百子史氏》和《国朝故典律例》等古籍上，他昼夜研究，忘寝废食。此外，他还深入研究算学、天文律历、山川地志、兵法战阵等知识。

吃得苦中苦，方为人上人，唐顺之在简陋的茅舍里，冬天不生火炉，夏天不扇扇子；出门不坐轿子；一年只做一件布衣裳；一个月只能吃一回肉。

他要用这种苛刻的办法使自己摆脱各种物质欲望的引诱，以求使自己的内心更加平静，更加能够把精力和注意力倾注到各种研究上来。

明嘉靖年间，明朝廷武备废弛，将帅战备意识不强，领兵训练时显得漫不经心，兵士也养成了懒惰散漫的习性，参加战斗时，将士抱头缩项，胆落神悸，毫无战斗力。

那个时候，日本正处于割据分裂的"战国"时代，日本内战中的残兵败将便纠集武士、浪人及奸

《六经》 指六部儒家经典，始见于《庄子·天运篇》，是指经过孔子整理而传授的六部先秦古籍，分别是：《诗经》《尚书》《仪礼》《乐经》《周易》《春秋》。其中《乐经》已失传，所以通常称"五经"。

商，武装掠夺我国的东南沿海一带，被当地人民称为倭寇。

明政府抵抗不力，明朝的军队没有能力给入侵的倭寇有力的反击。唐顺之看在眼里，急在心上，他气愤得吃不下饭，睡不着觉。他常常皱着眉头慨叹地说："老百姓遭受横祸，等于用刀子剜我的肉，对于死难的父老乡亲，我怎样才能给他们以慰藉呢？"

受命指挥打击倭寇的将军赵文华知道唐顺之极有才学，不但满腹经纶，而且有治国平天下的大志，更为重要的是他通晓军事，赵文华决定请唐顺之出山组织抗倭。当时举荐唐顺之出山的奏折达50余件之多。

由此，唐顺之回到兵部复职后，首先到京师附近的练兵基地蓟镇，制订了整顿军队的方案，然后与总督胡宗宪商议讨贼御寇的策略。他主张在海上截击倭寇的兵船，不让倭寇登陆。

奏折 古代重要官府文书之一，也称折子、奏帖或折奏，是各级政府呈递给皇帝的文件。它始用于清朝顺治年间，以后普遍采用，康熙年间形成固定制度。至清亡废止，历时两百余年。

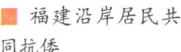
福建沿岸居民共同抗倭

■ 福建沿岸居民共同抗倭

唐顺之（1507年~1560年），字应德，一字义修，号荆川。武进（今属江苏常州）人。明代儒学大师、军事家、散文家、抗倭英雄。崇祯时追谥襄文。学者称"荆川先生"。唐顺之著作有《荆川先生文集》，共17卷，其中文13卷，诗4卷。辑有《文编》64卷。

唐顺之决定亲自下海去体验一下海上的生活。他的船从江苏的江阴驶向蛟门大洋，一昼夜走了六七百里，跟随他前往的人在风浪中或惊骇万状，或呕吐不止，可是他却意气风发，镇定自若。

唐顺之在海风怒吼、惊涛骇浪的海上，把躲藏在港湾内不尽职守的将官们按照军纪法办，对严守岗位的将士则予以重赏。严惩之下，驻守海防的将士们再也不敢玩忽职守了。

唐顺之的到来很快便扭转了明军颓废不振的局面，为击溃倭寇奠定了有力的基础。唐顺之一直战斗在抗倭前线。唐顺之所在之处，倭寇见其军容严整不敢出战。

为了振兴颓废不振的武备，唐顺之广搜博采，从历代兵书及其他史书中辑录对于武备有所裨益的资料,可以说"一切命将驭士之道,天时地利之宜,攻战守御之法,虚实强弱之形,进退作止之度,间谍秘诡之权,营阵行伍之次,舟车火器之需"都在唐顺之搜集之列。

在此基础上,唐顺之编撰了《武编》一书。全书分前后2集,总共12卷。前集6卷,55门;后集6卷,134门。

《武编》前集主要辑录有关兵法理论方面的资料,内容包括将帅选拔、士伍训练、行军作战、攻防守备、计谋方略、营制营规、阵法阵图、武器装备、人马医护等。

后集全部是用兵实践,主要是从古代史籍中撷取有关治军和用兵的故事,以为借鉴。

《武编》采集资料的范围比较广泛,从《武经七书》《太白阴经》《虎钤经》《武经总要》《续武经总

> **《武经七书》**
> 北宋朝廷作为官书颁行的兵法丛书,是我国古代第一部军事教科书。它由《孙子兵法》《吴子兵法》《六韬》《司马法》《三略》《尉缭子》《李卫公问对》七部著名兵书汇编而成。《武经七书》集中了我国古代军事著作的精华,是中国军事理论殿堂里的瑰宝。

■ 明代把总及士兵塑像

要》等兵法典籍到汉唐以来的名臣奏议，都有所采集。

《武编》保存了一些其他兵书很少记载的资料，如农民起义领袖孙恩曾经用过的演禽战法等。《武编》还比较注意辑录当朝的有关军事资料，如前集卷一比较详尽地辑录了明永乐十二年制定的赏罚条令；前集卷四辑录了赵本学、俞大猷有关阵法资料，尤其是辑录了当时被称为"称战"的戚继光鸳鸯阵。

《武编》对军事技术问题的论述，则侧重于对传统火药理论，以及诸多火器的形制构造与使用方法的阐发，有相当一部分内容被后世的兵书所转录。另外，它还比较注意辑录反面战例资料，作为反面教材。

《武编》出自既有军事实践又有历史知识的学者之手，加之专为振兴明廷武备而作，因此具有一定的现实意义和史料价值。《四库全书总目提要》评论说："是编虽纸上之谈，亦多由阅历而得，固未可概以书生之见目之矣。"

阅读链接

唐顺之文才武略皆备，倭寇的头子对唐顺之恨之入骨，他重金聘请刺客谋杀唐顺之。一天深夜，唐顺之正在写字，忽然一个穿黑衣手执利刃的人闪进屋内。唐顺之对黑衣人说"你是谁？何故深夜前来？""唐顺之，你不必问我何人，今天就是来取你的性命！"

"既然这样，好吧，能否容我把这张纸写完呢？"刺客对唐顺之说："念你是读书人，就让你多活一刻，把这张纸写完了吧！"唐顺之神色自若，提着斗笔饱蘸浓墨依然挥毫如飞，正当刺客看得入神时，突然，唐顺之闪电似的将笔往刺客喉间掷去。"哎……"刺客"呀"都来不及出口，身体便往后倒，手中的利刃"哐当"一声掉落在地上，原来唐顺之把浑身的力气全运到这笔尖上，轻轻一掷就有千钧之力。

戚继光抗倭经验成兵法

1528年，戚继光生于山东济宁一个武将家庭。戚继光自幼就显示出非凡的一面，他与很多孩子不一样，他很喜欢读书，读了很多儒家和兵学方面的书，特别对军事表现出异于寻常的乐趣。

1544年，17岁的戚继光子承父业，任登州卫指挥佥事。两年后，戚继光被批准负责管理登州卫所的屯田事务。这个时候，倭寇越发嚣张，武装掠夺我国的东南沿海一带，给东南沿海一带的渔民及其他百姓带来了极大的危害。山东沿海一带也遭受了倭寇的入侵。

戚继光画像

戚继光眼看着同胞生活在危难之中,心急如焚,他立志杀贼,于是写下了表达自己意愿的诗句:

小筑渐高枕,忧时旧有盟。呼樽来揖客,挥麈坐谈兵。去护牙签满,星含宝剑横。封侯非我意,但愿海波平。

1553年,戚继光在张居正的推荐下,升任都指挥佥事一职,管理登州、文登、即墨3营25个卫所,防御山东沿海的倭寇。戚继光抗倭的心愿终于有了一个可以实现的机会,他决定倾尽全力,以牙还牙,以血还血,痛击入侵的倭寇。

山东沿海防线自江苏、山东交界处,一直延伸到山东半岛的北端,长达几千千米。海防线这么长,而卫所的兵力又有限,怎样设防才好呢?戚继光开动脑筋,思谋良策。他通过和当地官员、百姓,特别是渔民们交谈,了解到一年之中倭寇活动最猖獗的时间是在3月、4月、5月和9月、10月间,又了解到这几个月间的一般气候和风向,以及船只可能停靠的地方。

在了解到倭寇活动规律之后,戚继光便按照时间和地段重点设防,同时,对卫所进行整顿,加强训

■ 明代战争蜡像

张居正(1525—1582年),字叔大,号太岳,汉族,明朝湖广江陵人,因此又称张江陵。张居正是明朝中后期政治家、改革家,万历时期的内阁首辅,辅佐万历皇帝进行了"万历新政"。

练，严肃纪律提高战斗力，固守了山东海防线，倭寇很久不敢来此窜扰。

两年后，1555年，戚继光被调往浙江任都司金书，并担任参将一职，防守宁波、绍兴、台州3郡。

浙江地区倭患严重，戚继光一到任上见军队素质不良，于是向上司提出"招募新兵，亲行训练"的建议。在得到批准后，戚继光亲自到义乌、金华等地招募农民、矿工3000余人，组成新军，称"戚家军"。

戚继光自己训练这支队伍，经过严格训练，这支军队成为熟悉军纪、法度、熟练使用手中兵器，能够奋勇作战的队伍。戚继光根据南方多沼泽的地理特点制定阵法，又给这支队伍配备火器、兵械、战舰等装备。

戚继光训练义乌兵，完全废弃了明军原来的卫所编制和旧的作战规则，新创立了以鸳鸯阵为基础的编制和作战方法。鸳鸯阵的编制是古代军事史上划时代

参将 明代镇守边区的统兵官员，职位次于总兵、副总兵。明、清时期漕运官设置参将，协同督催粮运。清代河道官的江南河标、河营都设置参将，掌管调遣河工、守汛防险等事务。清代京师巡捕五营，各设参将防守巡逻。

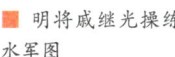
明将戚继光操练水军图

戚继光指挥作战

的一个创举。此阵法按照兵器协同的要求组成,根据需要还可临时变化,使得军队战斗力大大提高。

在练兵期间,戚继光有感于练兵的重要性和迫切性,他总结自己的练兵和带兵打仗的经验,编撰成一部兵书《纪效新书》。这部兵书既是他在浙江练兵、作战的经验总结,同时也是此后抗倭战争中练兵、作战的指导原则。

1561年5月,倭寇大举进攻桃渚、圻头等地,戚继光率领戚家军扼守桃渚,于龙山大破倭寇,戚继光率军一路追杀溃败的倭寇至雁门岭。逃走的倭寇趁台州空虚攻占了台州,戚继光又率领戚家军采取机动灵活的战略战术,运用偷袭、伏击等战法,将倭寇打得蒙头转向,歼敌6000余人。台州大捷后,戚继光官升三级。而后,闽、广一带的倭寇流入江西一带作乱,总督胡宗宪无法平定,于是让戚继光来增援,戚继光率领戚家军于上坊巢将倭寇击退。

之后,戚继光又率军转战福建,与巡抚谭纶、总兵俞大猷等人通力合作,给入侵的倭寇以迎头痛击,经过几次战斗,基本歼灭了入侵的倭寇,平定了闽、粤沿海的倭患。

1568年，戚继光以都督同知总理蓟州、昌平、保定三镇练兵，在练兵期间，他总结自己的练兵实践经验，并将其和自己多年的兵法思想融为一体，开始撰写一部兵书，就是后来的《练兵实纪》。

经过3年的笔耕不辍，戚继光在1571年终于将这部兵书写作完成。这部兵书既注意吸收南方练兵的经验，又结合北方练兵的实际，其练兵思想较《纪效新书》又有所进步。

《纪效新书》和《练兵实纪》都是戚继光练兵经验和兵学思想的结合，《纪效新书》原本18卷，卷首1卷。正文18卷详细而又具体地讲述了兵员的选拔和编伍、水陆训练、作战和阵图、各种律令和赏罚规定、诸种军械兵器及火药的制造和使用、烽堠报警和旗语信号等建军作战的各个方面，并有大量形象逼真的兵器、旗帜、阵法等插图。

此外，书中还详细记述了戚继光发明的鸳鸯阵，即一种以牌为前导，筅与长枪，长枪与短兵互防互救，双双成对的阵法。以及鸳鸯阵的变体"三才阵"。该阵法组成人数更少，用于冲锋时追歼敌军。

《纪效新书》十分重视选兵，开篇第一句话就是"兵之贵选"。对于选兵的具体标准，可定为"丰伟""武艺""力大""伶俐"4条，戚

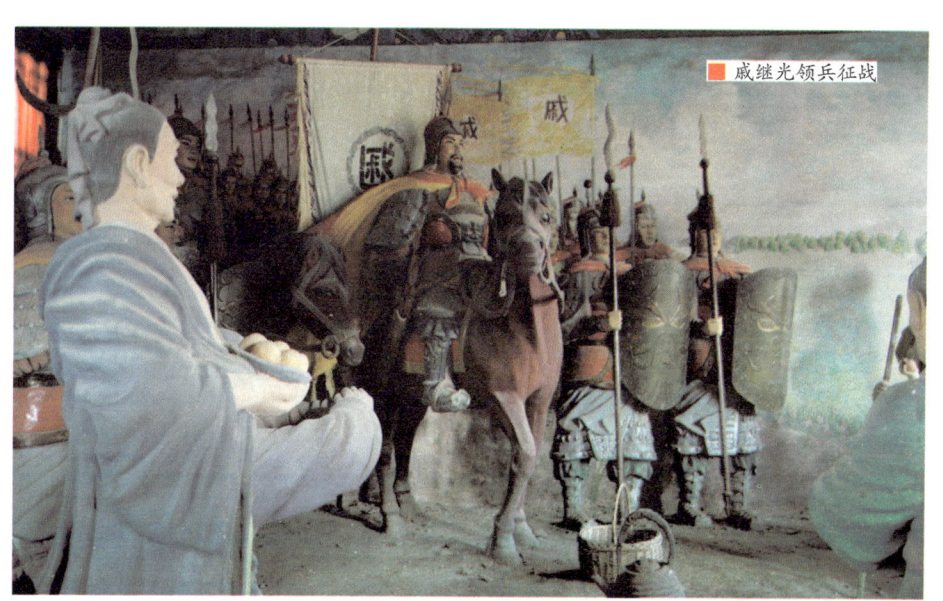
戚继光领兵征战

继光认为这四条选兵标准可视具体情况灵活变通。

《纪效新书》特别强调赏罚在治军中的作用，主张赏罚要公正，赏不避仇，罚不避亲。平时的冤家，立功时也要赏，有患难也要扶持照顾；若犯军令，就是亲子侄，也要依法处罚。

《纪效新书》所述内容具体实用，既是抗倭中练兵实战的经验总结，又反映了明代训练和作战的特点，尤其是反映了火器发展一定阶段作战形式的变化，具有较高的军事价值。

和《纪效新书》一样，《练兵实纪》的内容也十分广泛，涉及兵员选拔、部伍编制、旗帜金鼓、武器装备、将帅修养、军礼军法、车步骑兵的编成保结及其同训练等建军、训练和作战的各个方面。

《练兵实纪》问世后，受到重视，传播很广，有众多的抄本和刻印本，多种丛书亦将其收录。后世统兵将领多将此书作为训练部队的教科书。

阅读链接

戚继光立志将倭寇赶出国门，在抗倭过程中，他严格执法，铁面无私，六亲不认。一次他率领戚家军在海门一带抗倭，3000多名倭寇在海门沿海上岸，准备去临海、仙居一带抢劫。戚继光命令儿子戚印领兵在双港与城西交界的花冠岩一带埋伏，自己出兵佯败，把倭寇引到上界岭，等倭寇全部进入包围圈后，再两军夹击，一举全歼。

结果戚印年轻气盛，交战心切，没等倭寇全部进入包围圈就下令擂鼓冲锋，结果让一部分倭寇逃脱了。戚继光回营升帐，因戚印没按照军令行事，下令推出去斩首。陈大成等将领跪在地上请求从宽处罚，留他一条性命将功赎罪。戚继光不答应，说："我是一军主帅，如果我的儿子犯了军令可以不杀，以后还怎么带兵？军中的命令还有谁去执行？"于是，就在白水洋上街水井口这个地方，戚继光将亲生儿子戚印正法。